史学会125周年リレーシンポジウム2014

1

教育が開く新しい歴史学

大阪大学歴史教育研究会・公益財団法人史学会 編

山川出版社

刊行の言葉

史学会は、二〇一二年にそれまでの財団法人から公益財団法人へと移行した。これは、たんに公益法人制度の改革に対応した結果ではない。史学会はここで名実ともに全国学会として発展する道を選んだことを意味している。それは、ちょうど史学会創立一二五周年の直前にあたっていた。そこで、時の理事会は周年事業実行委員会を組織し、委員会は企画の立案にあたった。委員会は、史学会の新しい姿を全国に示すと同時に歴史学の今を眺望しようという趣旨から、各地の学会や研究会と共同してシンポジウムを開催する企画を立て、個別に呼びかけをおこなった。それは幸いにも賛同を得られ、二〇一四年九月から毎月、歴史学界でも前例のない四つのリレーシンポジウムを開催することができた。

第一回は大阪大学歴史教育研究会との共催「高大連携による大学歴史系専門教育・教員養成教育の刷新」(九月十四日、大阪大学)、第二回は東北史学会・福島大学史学会との共催「東北史を開く――比較の視座から」(十月五日、福島大学)、第三回は史学会の主催「近代における戦争と災害・環境」(十一月八日、東京大学)、第四回は九州史学会との共催「過去を伝える、今を遺す――歴史資料、文化遺産、情報資源は誰のものか」(十二月十三日、九州大学)であり、本シリーズはこれらの成果に基づいている。

歴史学は今、教育と研究の両面で様々な課題に直面しているが、歴史学の成果は大切な公共財であることに疑いはない。本シリーズが今とこれからの歴史学を考える機会を提供できれば幸いである。

史学会一二五周年事業実行委員会

目　次

第Ⅲ部　ひろがる連携

史学会一二五周年リレーシンポジウムI

教育が開く新しい歴史学

はじめに

責任編者　桃木　至朗

昨秋、史学会一二五周年を祝う一連の「リレーシンポジウム」が各地で開催され、大阪では大阪大学歴史教育研究会(以下の各章では阪大歴教研ないし、たんに歴教研とも呼ぶ)が、シンポ「高大連携による大学歴史系専門教育の刷新」を共催させていただいた(プログラムは巻末参照)。本書はこれをもとに、阪大歴教研と協力関係にある研究者・教員への依頼原稿を加えて編まれた出版物だが、シンポのタイトルは長いし工夫がないので、書名は簡潔に『教育が開く新しい歴史学』とした。

さて今日、日本の歴史学界はどんな状況にあるだろうか。研究の高度化と多様化は確かにめざましい。例えば日本史について、刊行中の『岩波講座日本歴史』を読むのはきついという学界外の読者でも、『日本史リブレット』(山川出版社)を含む手軽な概説書のかたちで、先端研究の躍動に触れることができるだろう。ただし(記念出版にはふさわしくないかもしれないが)日本の歴史学界は制度的にも世代的にも深刻な危機を迎えている。危機の一因はいうまでもなく、一九九〇年代以降の大学改革にある。放っておけばこうなることはずっと前から容易に予測できたはずだが、この六月には文部科学大臣がついに、国立大学の教員養成系、人文社会科学系の廃止や他分野への転換を求める通知を発した[文部科学大臣 二〇一五]。そこで歴史学を含む人文系の一方的な縮小といった事態を避けるには、言い古された言葉だが「象牙の塔」に閉じ込もる「タコツボ型研究者」の道を歩むよりは、広く社会に働きかけ社会と連携する必要がある。

ところが大学の外では、普通科高校の卒業者は全員、地理・世界史・日本史を一通り履修しているという一九九〇年代初頭まで長く続いた状況の完全消失[1]を背景に、多くの領域での歴史離れや世界史の素養の空洞化、そして近現代日本をめぐる歴史認識の政治問題化などが進行している。これに関連した、日本史必修化を求める政界の動き、新科目「歴史基礎」の設立を含む日本学術会議の提言〔日本学術会議 二〇一一・二〇一四〕、昨年おこなわれ高校・大学教員など六八〇通余りの回答を集めたアンケート〔高等学校歴史教育研究会 二〇一四a・二〇一四b〕等々については、読者もお聞きおよびであろう[2]。

二〇一四年十一月に文科省から中教審に諮問された次期学習指導要領（予定通りいけば高校は二〇二二年度から施行）の検討においては、地理歴史科に新しい必修科目「歴史総合」「地理総合」を置くという答申素案が、この八月に示されている〔中央教育審議会 二〇一五〕。世界史・日本史・地理のそれぞれに二単位のA科目と四単位のB科目を置き、世界史と日本史・地理の一方の計二科目を必修とする現行の高校の科目編成（一九九四年度から施行）は、おそらく抜本的に変化する。知識の教授に重点をおいた教育方法についても、学習者の主体性を重んじた「アクティブ・ラーニング」への全面的転換が図られると聞く。日本史のみ必修というしくみにはならないにせよ、「受験で日本史より有利な」世界史が必修でなくなれば、高校世界史履修者や大学での外国史専攻学生の激減（それは学界の将来にも響く）につながる危険性は大きいだろう。では「日本史は万万歳」といくだろうか。

これは直接には「歴史教育」の問題だが、それに関連して歴史学の「専門研究者」が問われている事柄が少なくないように思われる。例えば今日、どこの大学でも「高大連携」が実施されているが、その内容は「オープンユニバーシティ＋出前講義（＋大学の授業の一部に高校生を受け入れる）」といった、一方的な高校側への（悪くいえば上から目線での）恩恵の付与だけでよいのだろうか。大学入試や大学側の教育内容の改善に結びつける必要はないのだろうか。

教育系でない人文系の学部の歴史系教員が通常思っているように、中等教育への研究成果の反映は教科書（それも世界史・日本史Bの）を書くだけでできるだろうか。それ以外は教育学者や大学院生に任せておけばよいのだろうか。入試は、教員養成は、研究成果と無関係だろうか。そう思い込んでいる歴史系の教員は、「歴史教育」というと通常、初中等教育だけを思い浮かべる傾向があるが、大学は「後継者養成」以外は教育機能をもたないなどとはまさか考えられまい。では大学で、後継者養成を含んだ専門教育とは別に必要とされる概論・教養教育は、「達人の余技」ないし「専門で一流になれなかった人間の仕事」のままにしておいてよいのだろうか。学生の側からみればそれは、自分の専門から外に踏み出してある領域の全体をみるような経験は、ゼミや研究会だけで十分にできるかという問いにつながる。総じていえば、歴史教育の危機的な現状に対して、大学側としてどれだけの責任感を感じるのかが問われている。

そのような問題意識から出発した本書は、中等・高等教育や生涯教育、それに入試を含めた歴史教育の改善を系統的に担うことができる研究者・教員の養成には、何が必要かを主題とする。考えたいのはそれを、「既存の仕事とはまったく別の発想で考えねばならない仕事、言い換えればノルマの純増」にしないしくみはどうやったらつくれるか、しかも今日の教育改革のなかで「ガダルカナル的な守りの消耗戦」を続けずに「勝つ戦いの土俵をつくる」にはどうしたらいいか、そのために高校教育界をはじめとした大学外の諸活動とどうつながっていくのか、という大きな問題である。

本書は三部構成をとる。本書第Ⅰ部「阪大史学の挑戦」では、全体の議論のベースとして、もとになるべき専門研究のための濃密な指導から、それを土台にした教養教育・教員養成などにいたる系統的な刷新を進めてきた大阪大学史学系の事例を、教える側の教員と教わった側の若手研究者のそれぞれからみた報告を掲載し、活動の主舞台となってきた阪大歴教研の活動記録も付載する。

第Ⅱ部「大学・学界から考える」では、三つの新しい研究領域を土台とした教育の取組やアイディアを紹介する。まずジェンダー史について、その「ジェンダー主流化」を目標とした日本学術会議などでの試みを扱う。続いてこれも新しい領域である東南アジア史を、歴史・文化に関心をもつ学生ともたない学生が混在している外語大でどう教えるかという問題の実践例を取り上げる。最後に歴史学全体を変えようとしているグローバルヒストリーの角度から、あるべき「研究者」像と研究基盤を論じる。

第Ⅲ部「ひろがる連携」は、大学教育が前提とすべき高校教育における新しい取組、それを受けた大学側での刷新、両者の連携などについて、五本の報告を載せる。高校側を中心にみたのが、京都府の高校社会科研究会における教員集団の組織的取組、それに専修大学附属高校を舞台としたアクティブラーニングの試みに関する原稿である。大学側からみたものとしては、地方国立大学（静岡大学）と私立大学（福岡大学）の歴史系、それに国際系の新学部（同志社大学）の三つが紹介される。

初等・中等教育を扱う教育系の学会や雑誌では、特定の学校での授業報告を含む現場の教育実践の紹介がよくおこなわれる。歴史学の出版物で教育実践の報告がなされることは少ないが、本書は意図的にそうした要素を取り入れようとしている。それが最近の「大学改革」などの書類にありがちな誇大宣伝でないことを理解していただくためには、大阪大学の試みを扱う第I部でいえば、付載の活動記録のような情報が役立つはずである。なお本書では、連名の原稿をいくつか掲載している。これは「個人」の「専門」や「所属専攻」以外について語らないのが一般的な史学系研究者のあり方と、こうした教育の取組との矛盾にも注意を喚起するのが狙いである。

これらの原稿には、多くの希望が見出されるはずである。それが広く共有され応用され、また論争されることにより、絶望的にみえかねない歴史学と歴史教育の現況を少しでも改善することにつながれば、本書はその役割を果たしたといえるだろう。

◆註

1　一九九四年度から実施された高校「世界史必修」のしくみと、そのもとで地理・歴史の科目選択・入試に起こったことには、[桃木 二〇〇九、二三〜二九頁]でも触れた。中等教育における地理・歴史の科目編成のあり方をめぐる大学界や政界での議論に、これについてきちんと認識しないままでおこなわれているものが少なくないのは、はなはだ危険と指摘せざるをえない。

2　時期の問題により本書ではほとんど触れられなかったが、学術会議提言やアンケートの中心となった油井大三郎教授らが呼びかけて、この七月に全国組織「高大連携歴史教育研究会」が設立され、本書で扱う諸問題に関する提言や活動交流をめざしている。本書の執筆者の大半が会員・役員となっているこの会に、読者各位にも参加をお願いしたい。

◆参考文献

[高等学校歴史教育研究会 二〇一四a]『歴史教育における高等学校・大学間接続の抜本的改革を求めて(第一次案)　世界

史B・日本史Bの用語限定と思考力育成型教育法の強化』(https://sites.google.com/site/ourekikyo/news)

［高等学校歴史教育研究会　二〇一四b］『歴史教育における高等学校・大学間接続の抜本的改革——アンケート結果と改革の提案——』(https://sites.google.com/site/ourekikyo/news)

［中央教育審議会　二〇一五］　中央教育審議会教育課程企画特別部会配布資料「高等学校等における教科・科目の現状・課題と今後の在り方について（検討素案）」http://www.mext.go.jp/b_menu/shingi/chukyo/chukyo0/gijiroku/__icsFiles/afieldfile/2015/08/10/1360841_5_4_1.pdf

［日本学術会議　二〇一一］　日本学術会議史学委員会高校歴史教育に関する分科会「提言　新しい高校地理・歴史教育の創造——グローバル化に対応した時空間認識の育成」八月三日(http://www.scj.go.jp/ja/info/kohyo/division-15.html)

［日本学術会議　二〇一四］　日本学術会議史学委員会高校歴史教育に関する分科会「提言　再び高校歴史教育のあり方について」六月十三日(http://www.scj.go.jp/ja/info/kohyo/pdf/kohyo-22-t193-4.pdf)

［桃木　二〇〇九］　桃木至朗『わかる歴史・面白い歴史・役に立つ歴史——歴史学と歴史教育の再生をめざして』大阪大学出版会

［文部科学大臣　二〇一五］　文部科学大臣通知「国立大学法人等の組織及び業務全般の見直しについて」http://www.mext.go.jp/b_menu/shingi/chousa/koutou/062/gijiroku/__icsFiles/afieldfile/2015/06/16/1358924_3_1.pdf

第Ⅰ部　阪大史学の挑戦

阪大史学系の歴史教育改革

桃木 至朗・堤 一昭・秋田 茂・飯塚 一幸

はじめに

この章では、阪大史学系が取り組んできた歴史教育の総合的改善について、教員側の視点から解説する。四人の共著者は二〇一〇年度から、大学院「世界史演習／歴史教育論演習」（この取組の中心にある大阪大学歴史教育研究会〈以下「歴教研」と略〉を利用した演習）を共同で担当している。これまでも史学系と歴教研については再三紹介してきたが、[1] 今回は歴教研など共通の枠組と車の両輪をなす個別分野の専門教育体制にも触れ、次章と合わせてわれわれの取組が中等教育の教員養成はもちろん、研究者養成とも直結したものであることを示したい。最初の節で歴教研を中心とした史学系全体での活動、つぎにある意味でそれを象徴する近年の入試問題、最後に各専修／専門分野やコースの体制について紹介する。

阪大史学系には、日本史学・東洋史学・西洋史学・考古学の四つの専修（学部）・専門分野（大学院）が属するが、[2] 考古学は今回紹介する活動への参加は部分的に留まる。他方、大阪外国語大学との統合（二〇〇七年度）にともなって設立された「文化動態論専攻」（修士課程のみで中等教育の教員を含む高度職業人養成を目的とする)の「共生文明論コース」が、「歴教研」などに深くかかわっている。前記「世界史演習/歴史教育論演習」も、日本史(飯塚)、東洋史(桃木)、西洋史(秋田)、共生文明論(堤)がそれぞれ代表を出して共同で運営する形になっている。なお二〇一四年度末現在の助教を含む専任教員数は、日本史・東洋史・西洋史と共生文明論の四つの専修・コースを合わせて二〇人(共生文明論コースにはほかに人文地理学・文化人類学の専任・兼任教員がいる)、学生・院生数は合計一八九人(うち学部生〈二年生以上〉一二二人、修士および博士前期課程院生四二人、博士後期課程院生二五人)である。

一 歴史教育刷新のための「阪大史学の挑戦」と大阪大学歴史教育研究会

阪大史学系の組織的な社会発信は、二十一世紀COEプログラム「インターフェイスの人文学」(二〇〇二~〇六年度)に実施。キーワードは「横断」「臨床」)による高大連携活動として、全国の高校歴史教員向けの研修会を開催したことに始まる(二〇〇三~〇六年の毎年八月に実施)。そこに参加した高校教員と話し合って、二〇〇五年十月に大阪大学歴史教育研究会(歴教研)を設立、以後大学院演習を兼ねた月例会中心の活動を今日まで継続している。二〇一〇年八月には夏季大会「阪大史学の挑戦2」も開催した。また、高校教員向け講演に基づく一般書『懐徳堂記念会編 二〇〇八』を出版したあたりから、「阪大史学の挑戦」というやや大仰《おおぎょう》なスローガンも用いている。歴教研はこのほか、京阪神や神奈川、北海道、熊本など各地の高校教科研究会、静岡大、福岡大、同志社大など他大学、それに堺市など自治体の活動とも協力を進め、またアジア世界史学会(AAWH。第一回大会は二〇〇九年五月大阪、第二回大会は二〇一二年四月ソウル、第三回大会は二〇一五年五月シンガポール)などを通じて、東アジア諸国の歴史教育との交流も試みている。

歴教研の主な活動内容については、月例会や大会のレジュメなどがホームページ(https://sites.google.com/site/ourekikyo/)の「活動報告」欄にアップロードされているほか、活動報告書が二〇一五年三月現在で第一一冊まで出ている(近代世界システム、中央ユーラシア史などのまとめと用語リストを含む)。「旧帝大」中で唯一の教育学部をもたない大学である点も関係するのだが、我々の活動は教科教育法の研究会のような狭義の「教え方」ではなく、現在の歴史教科書の背景にある新しい研究潮流やその成果を、コンパクトかつ従来の教科書との違いがわかる形で解説すること——先端研究の「アウトリーチ活動」という意味ももつ——を主眼としている。[3] 関連した高校・大学現場での実践報告、各地の活動の情報交換などもおこなわれているが、その中心はやはり教科内容にある。

これらは全体として、歴史教育といえば(中学・高校の)教科書とせいぜい指導書の執筆だけを自分の仕事と考えるような、通常の人文系学部所属の歴史研究者の発想からははずれている。しかし、新しい領域の斬新な成果ほど教育現場を戸惑わせ多くの誤解を生みがちである。そこで、資料集や教師向け解説とQ&A、参考図書の案内、従来の理解との違いの丁寧な説明、小ネタやエピソードの紹介など、学部卒の教員にも理解可能な形での総合的かつ系統的な取組が必要となる。それを院生や教科教育法の教員だけに任せるのは「製造物責任」ないし「品質保証」の点からいって無責任である。例えば「違いがわかる」ためには、事実レベルの説明だけでなく論争史やパラダイム転換に踏み込まねばならないことがよくあり、それは専門家にしか解説できない。

歴教研の二〇一四年度の活動は、月例会では歴史学の全体的枠組や主要潮流についての紹介、『市民のための世界史』の高校・大学からの批評、下記の各活動の関連報告、院生グループ報告などに取り組んだ。

月例会以外の高大連携活動としては、全歴研(全国歴史教育研究協議会)の大阪大会(七月三十〜三十一日、テーマは「連携」)、夏季の京都・神奈川・北海道をはじめとする各地のセミナー・研究会へのメンバーの派遣などをおこなったほか、「高等学校歴史教育研究会」(代表・油井大三郎)の世界史B・日本史B用語精選リストを含む報告書・アンケートの作成[高等学校歴史教育研究会 二〇一四a・二〇一四b]にも、歴教研代表の桃木と研究協力者の中村薫が参加した。また地域との連携として「世界と日本が出会うまち・堺」プロジェクト(堺市博物館と共催する中高生の研究発表セミナー)。そして、九月十五日)、大阪府高齢者大学校世界史コース(通年二クラス)などのコーディネートに協力した。そして、九月十四日には、本書のもととなった史学会創立一二五周年リレーシンポジウムシリーズの「高大連携による大学歴史系専門教育・教員養成教育の刷新」を開催し、年度末には第三回AAWH(二〇一五年五月にシンガポール・南洋理工大学で開催)に向けて、歴史教育に関する三つのパネルなど、阪大と歴教研の関係者による一〇件近いパネルの準備活動を本格化させている。

二〇〇八年度以降の歴教研の活動費用はおもに科研費に頼っており、二〇一一〜一三年度は科学研究費(基盤研究A)「最新の研究成果にもとづく大学教養課程用世界史教科書の作成」プロジェクト(代表・桃木至朗)の実施母体となった。そこでは近代世界システムとグローバルヒストリー、中央ユーラシア史、アジア史と日本史の統合など従来からの得意テーマのまとめに加え、環境と科学技術の歴史、ジェンダー史、文化史など新しいテーマに集中的に取り組み、それらを総合して高校教育用の解説を提供するとともに、大学教養課程用の世界史教科書を編集した。これが大阪大学歴史教育研究会編『市民のための世界史』(大阪大学出版会、二〇一四年四月)である。[4]

歴教研と阪大史学系は、高校歴史教育改善に向けた活動の一方で、大学教養教育、さらには大学院まで含めた専門教育や教員養成課程の改善、それに「高度教養教育」[5](学部三年生以上・大学院生向け)も含めた総合的なカリキュラムの改革、新科目の開設を順次実施してきた。その目的は、⑴高校で歴史を十分学べなかった学生も含め、国際人として活躍するのに必要な知識・理解の提供(教員・研究者志望の学生に必要な、細かく膨大な知識を大づかみにまとめる方法の提示も兼ねる)、⑵高校で「世界史(日本史)Bの丸暗記」でない歴史教育ができる教員の養成、大学で適切な入試の出題や教養教育・教員養成教育、「タコツボ型」でない専門教育ができるような「研究者」の養成などにある。

⑴の目的については、教養課程と高度教養教育プログラムで「市民のための世界史」を二〇一四・一五年度はどちらも計六クラス開講しており、⑵のためには、①刷新された史学概論にあたる「歴史研究の理論と方法」「歴史学のフロンティア」の二つの「歴史学方法論講義」、②プレゼンテーションや他流試合の訓練をする「世界史演習・歴史教育論　演習」(＝歴史教育研究会)などを開講している。このうち「歴史研究の理論と方法」は、おもに専修に分属した直後の学部二年生を対象として、日本史・東洋史・西洋史から一名ずつ担当教員がでておこなうもので、近代歴史学の大きな流れ、史資料や時間と時代、世界史と地域史などの基礎的な考え方、それに政治と軍事、経済とくらし、文化と情報、ジェンダーと家族など主要サブ領域ごとの動向を、各回の担当者が自分の専門に引きつけながら講義する(**資料1**参照)。これに対し「歴史学のフロンティア」は、おもに博士前期課程院生用に旧大阪外大教員と協力しておこなっているリレー講義で、グローバルヒストリーと地域史の関連を中心に、各教員・研究者の独自の方法を示すことを狙いとしている。[6]毎学期共通テーマを設定しており、二〇一四年度は一学期に「グローバルヒストリーと

資料1　2014年度１学期「歴史研究の理論と方法」第１回(４月９日)配布資料(一部加工)

1．シラバス・授業計画

＊文学研究科201538　１学期　水２　担当：桃木至朗・秋田茂・川合康

講義題目：歴史研究の理論と方法(高度教養教育＝知のジムナスティックス科目)

授業の目的：史学系の学部２回生必修の講義と合同でおこなう大学院講義で(今年度の大学院新入生が２回生のときに受講したものとはかなり内容が違うので，あらためて受講することが望まれる)，大学院での研究やその成果発信をおこなうのに必要な，歴史学全般の状況や方法論を理解することを第一の目的とする。教員免許を取るため，あらためて歴史学とはどんな学問か理解したい，個別専門研究の全体への意味づけを考えたいなどの目的をもつ大学院学生(史学系や文学研究科以外も含む)が，歴史学の全体像を概観し評論や解説をおこなうための知識や方法を学ぶことが，第二の目的である。

授業計画：桃木至朗・川合康・秋田茂の３人が分担し，歴史学の新しい方法論や考え方・課題について紹介する。政治史，経済史など分野ごと，古代史，中世史など時代ごと，ヨーロッパ史，アジア史・日本史など地域ごとのそれぞれについて，特徴や問題点を把握できるように配慮しながら講義を進める。

教科書：福井憲彦『歴史学入門』(岩波テキストブックス，2006年)。受講生はかならず，それぞれの回で取り上げられる章を事前に読んでおくこと。

参考文献：授業中に指示する

成績：出席50%，レポート50%

オフィスアワー：水曜４限(桃木)，１学期水曜３限，２学期水曜４限(川合)，水曜３限(秋田)

コメント(備考)：日本史学，東洋史学，西洋史学の３専修の学部２年生は必ず履修すること。

メッセージ：日本の歴史学界は世界有数の研究水準を誇るが，しかし他分野の研究者を含む専門外の人々への発信・解説の能力，専門家の間での批評・評論の能力を組織的に涵養する仕組みが決定的に欠けている。この授業は，専門性に加えてそうした越境ができる「歴史コミュニケーター」を養成する取り組みの一環で，**この授業が歴史学の見取り図，CSCD科目「市民のための世界史S」(または教養課程「市民のための世界史Ⅰ～Ⅴ」)が世界史の見取り図をそれぞれ提供し，文学研究科「世界史演習」でそれらの解説・発信の訓練をする**という関係にある。条件と意欲のある学生はすべて履修していただけば，高校や大学の教育から学界での他流試合まで通用する，汎用性の高い能力が身につくはずである。

日程と担当教員

第１回	４月９日	イントロダクション・阪大史学の挑戦	桃木・川合・秋田
第２回	４月16日	歴史学はなにを問題にしてきたか・こなかったか(１章)	桃木
第３回	４月23日	史料・資料とはなにか(２章)	川合
第４回	５月７日	環境と人類の歴史(３章)	秋田
第５回	５月14日	時間の認識と時代区分(４章)	秋田
第６回	５月21日	ローカルな歴史とグローバルな歴史(５・６章)	秋田
第７回	５月28日	政治・権力・軍事の歴史	川合
第８回	６月４日	暮らしと経済の歴史	秋田
第９回	６月11日	文化・情報とメディアの歴史(11章)	桃木
第10回	６月18日	社会と共同体の歴史	川合
第11回	６月25日	ジェンダーの歴史，家族の歴史	桃木
第12回	７月２日	歴史と記憶または歴史と現在(12章)	川合
第13回	７月９日	見えない歴史をどう見るか	桃木
第14回	７月16日	歴史研究と歴史教育のしくみはどんな特徴をもつか	歴教研若手ゲスト
第15回	７月23日	まとめ・補足・総合討論	桃木・川合・秋田

戦争」、二学期に「グローバルヒストリーと日本」をテーマとした。研究者や教員を志望する学生には、特殊講義とゼミだけで断片的な学習・研究に終わらぬよう、以上⑴と⑵‐①②の三点セットをすべて履修することを奨励している。

なお「市民のための世界史」に関連して、我々が執拗《しつよう》に繰り返してきた論点に触れておかねばならない。現在中等教育の急務とされている「大量の暗記」からの脱却すなわち内容精選は、イコール通史の放棄、テーマ別の歴史という考えに結びつきがちである。「専門教育の場」「単一の世界観の枠にはめてはいけない」などの原則に固執する大学教員の間ではなおさら、テーマ別授業へのこだわりは強烈である。これに対して我々は、中学・高校で一度も世界の通史を学ぶ機会のない学生が非常に多い現状に鑑みて、「ラフでいいから一度通史を教える」ことを強く主張してきた。どんな世界地図も地球儀も特定の世界観を反映したものでしかありえないが、だからといって世界地図や地球儀をいっさい見せない地理教育があるだろうか。また世界史全体をみたことがない教員に、学習者や学校・クラスの状況に応じた適切なテーマ選択ができるだろうか。

同じことで、世界史全体をみたことがなく、自分の扱う地域の通史を教えたこともないような研究者に、学界全体の刷新を考えたり語ることができるだろうか。高校教科書を書く場合に自分の専門に関する新しい成果ばかり「これが足りない、あれを増やせ」と押し込んで教科書をパンクさせるのでも、「どうせ高校では旧来の事項の暗記しかさせていない」と即断して内容改善を放棄するのでもない書き方ができるだろうか。入試の出題を、秀才である自分の基準で「このくらい知っていて当然」という難問にしないことができるだろうか。日本学術会議の高校歴史教育改革に関する提言〔日本学術会議 二〇一一〕でうたわれた、内容精選のために地域・分野ごとの学界が最低限教えるべき事項のリストをつくるという案に、阪大歴教研関係の近代世界システムと中央ユーラシア〔大阪大学歴史教育研究会 二〇一二〕、東南アジア〔桃木 二〇〇九、第二部〕以外は反応がなかったのも、「世界史をひととおりみたうえで、自分で組み立てた自地域の通史の授業をする」経験のない専門家には困難な仕事だったためとしかいいようがない。

こうした考えのもと、蛮勇をふるって書かれた『市民のための世界史』には、*A World History for Citizens* という英語のタイトル（The ではない）がついている。それはあくまで「特定の図法で描いた世界地図」に相当するものでしかない。それが日本や東アジアにありがちな発想に従って「正典」とみなされ、特定の史観を刷り込む機能を——とりあえずラフな全体像を示すという狙いが許す範囲を超えて——果たすことになるとすれば、それは我々の責任ではなく、日本の教育全体の責任である。

以上の高校・大学双方の活動を別の角度から支える土台として、二〇一四～一七年度は科学研究費（基盤研究A）「研究者・教員・市民のための新しい歴史学入門」（代表・桃木至朗）によって、研究者志望だけでなく初中等教育の教員をめざす学生、広く歴史学に関心をもつ市民・知識人にも理解できるような、新しい歴史学入門のモデル構築と入門書の作成をめざしている。「歴史研究の理論と方法」の教科書として使う意図をもつことは当然である。想定されている内容は、⑴歴史学の対象・方法と目的・意義、それらの発展・変遷（例えばランケ史学やマルクス主義、アナール学派等々の）などを概観するが、従来型の「西洋思想史の一環としての歴史認識についての概論」でなく、非西洋世界を含んだ歴史学全体を扱う。⑵「社会史」「グローバルヒストリー」などの大潮流や、「言語論的転回」などのパラダイム変化を踏まえつつも特定理論には偏らずに、史料と対象とする時間・空間の設定などに関する方法論・理論、それに政治史や経済史、文化史、環境史など分野ごとの状況を総合的に紹介し、最近の世界史や日本史の教科書・一般書における激変(例えば『市民のための世界史』〔大阪大学歴史教育研究会編 二〇一四〕)の背景がわかるものとする、の二つの特徴をもつ。阪大に歴史理論の専門家がいるわけではないのだが、考え方も事例も西洋に偏った史学概論と、地域・時代・分野別に細分された研究入門、それに「名著を学んで自分で考えよう」式の書物しか存在しない現況は、文化人類学などと比べてあまりに不自然だと考えて、『市民のための世界史』編纂より大きな無理を承知で企画したプロジェクトである。

二　入試問題を通じたアピール

日本の高校・大学教育にとって、大学入試が与える影響は大きい。歴史に関する限り、多くの場合それは、負の影響である。歴史学を専攻しない学生の多くが、暗記で苦しめられた悪印象と「現代の役に立たない」というイメージを長期にもち続けるだけではない。歴史学を専攻する学生自体が一般に、知識を調べる能力は高くても「理屈に弱い」し表現力が低い。社会的意義を語ろうとする姿勢も弱い。他方で大学入試は、「大学教育を受けるにはこういう学力が求められる」というメッセージ(受験生だけでなく高校以下の教員向けにも)として、間接的にその大学の教育内容を示す役割がある。大阪大学の場合は国際的に活躍する様々な職業人のほかに、博士号をとって専門研究者になろうとする学生も多いから、学部入試には「大学院で研究するにはこういう知識や能力が必要だ」ということを予告する部分がなければならない。そこではなはだ異例だが、我々が考える「あるべき歴史教育」がどんなものであるのかを示す一環として、阪大文学部・外国語学部[7](大阪外国語大学が統合された二〇〇八年から)の二次試験前期日程での入試問題をいくつか紹介したい。スペースの都合で、文章は問題用紙のレイアウトを無視して打ち直した。

二〇〇五年［Ⅰ］　紀元前一千年紀の遊牧騎馬民族の登場から近代ヨーロッパ勢力による世界制覇の時代まで、ユーラシア世界史は購買力豊かな南の農耕民族と武力に優れる北の遊牧騎馬民族との対立・協調関係の中で推移してきた。実際には協調の時代も長いのであるが、どうしても目立つのは対立の歴史である。ところで、その対立の象徴とも言うべき巨大な建造物がユーラシア東部に残っている。その歴史について知るところを述べるとともに、それが無用の長物であった時代とその理由についても言及しなさい（二〇〇字程度）。

同［Ⅳ］　最近注目されている世界史の見方の一つに、「海から見た歴史」がある。紀元一〇〇〇年以降の世界史において、対外貿易を通じて経済的に繁栄した都市の名を二つあげて、その二つに共通する繁栄の諸要因を説明しなさい（二〇〇字程度）。

二〇〇七年［Ⅲ］　（東南アジア史に関するリード文にもとづき東南アジアの宗教、現代フランス植民地の独立に関して問うた後に）**問4**　朱印船のおもな渡航先は東南アジアと台湾で、とくにベトナム、シャム（タイ）、ルソン（フィリピン）などが上位だった。なぜ伝統的に最大の貿易相手だった中国大陸ではなく東南アジア・台湾に渡航したのか、またベトナム、シャム、ルソン三地域は当時どのような情勢だったかの二つの問題を説明しなさい（一八〇字程度）。

二〇一一年［Ⅲ］　平成二十二年度の大阪大学入学試験・世界史問題では現代世界で広く使用されている五系統の文字の起源と伝播を問うた。その際、ロシア語で使用されるアルファベットを例示するためにレーニンの肖像付きのポスターを掲げたところ、その肖像をムスタファ＝ケマル（ケマル＝パシャ）と誤解した受験生が散見された。ムスタファ＝ケマルは文字改革を断行したことで知られるが、ある言語を表記するために用いられる文字が根本的に変更されたり、あるいは異なる言語を表記するために応用されるという例は、世界史上に多々認められる（以下略）。

二〇一四年〔Ⅰ〕 以下の会話を読み、下の問いに答えなさい。

A（高校生）「先輩、このグラフのAとBはどちらが中国でどちらが西ヨーロッパかわからないんですが」

B（先輩の大学院生）「ああ、去年の阪大文学部の世界史問題だね。Ⅱの問1を見たら、Bに対抗してワッハーブ運動が起こったっていうんだから、Bが西欧だとわかるよね」

A「でも、GDPが十七世紀に減って十八世紀に急増したというと、いかにもAが西欧みたいに感じられるんですが」

B「そうだね。でもグラフの注に、人口規模に一人あたり産出額を掛けてGDPを算出する、と書いてあるのがカギだと思うよ。(1)ヨーロッパではそのころ生産性が上がりはじめているだろうけど、中国のグラフはまだ、人口の増減に比例しているってことじゃないかな」

A「そうか。中国で十七世紀に人口が減って、十八世紀に急増したっていうことですね」

B「現代の中国を理解するのにも、十八世紀から続いた人口増はものすごく大事だよね」

A「清朝の人口増加というと、(2)税制の変化によって隠れていた人口が表に出てきたと習いましたが、それだけじゃないんですね」

問1 下線部(1)の例として、十八世紀のイギリスで始まった工業化（産業革命）があげられるが、そこでおこった燃料と動力、交通・輸送手段などの変化、鉄や衣服を作る新しい技術や生産形態、結果としておこった衣服の材質の変化などについて説明しなさい。ただし、人名や地名、特定の機械の名前などを書いてはいけません。「それまでの○○にかわって□□が使われた」などの大きな変化だけを書くこと。

（以下略）

以上のように、世界史の大半（日本史はすべて）が論述問題である（「以下の用語を必ず使用して答えよ」と用語指定によって回答を誘導することもある）。これは、大づかみな理解が大学で学ぶ前提であり、キーワードの記憶が必要であるにせよ、文章にして説明できない知識は知識ではないという考えを示す。大学院入試の専門試験が論述や資料読解ばかりであることはいうまでもないであろう。自分の分野に必要な近現代史について確信犯的に難しい論述問題を出す一橋大学・東京外国語大学などと共通する発想かと思われるが、阪大の場合、外国語学部でも前近代史の出題をするから、受験生はさらに大変かもしれない。

日本史問題が例年、古代、中世、近世、近現代各一問出題されるのに対し、世界史問題の内容は東洋史と西洋史がほぼ半々で、個別の国・地域の問題だけでなく二〇〇五年［Ｉ］のような広域の問題が多い。二〇〇五年［Ⅳ］のように東洋・西洋にまたがる問題が近年は毎年必ず出題され、二〇〇七年［Ⅲ］のように日本史まで含む問題も珍しくない。二〇〇五年［Ⅳ］は大学院入試ではよくみられるパターンだが、どの都市を選んでもよい点は、大学入試では珍しいだろう。与えられた枠組に要領よく反応することだけが学力ではないという点を、受験生に読み取ってほしい。二〇〇七年［Ⅲ］については「日本史を履修しなかったので朱印船貿易の時期がわからない」という声があったが、リード文に「江戸時代初期の朱印船貿易」と書いており、江戸時代初期が何世紀にあたるかは中学レベルの知識に属する。中学校の学習内容を踏まえない高校の履修科目だけの受験勉強に警鐘を鳴らしているのである。また、二〇一一年［Ⅲ］や二〇一四年［Ｉ］のように、誤答が多かった前年の問題の解説を兼ねた出題も、近年ではみられる。二〇一一年［Ⅲ］で問題にされているのはムスタファ＝ケマルよりも、「文字」と「言語」を混同した答案が多かったことである（一般社会人でも両者の区別のできない人は多い）。

二〇一四年［I］は前年に、最近教育現場でポピュラーになった世界主要国・地域のGDP比率の超長期変動に関するアンガス・マディソンの推計をもとに、グラフ中のAB二つの折れ線のどちらが西欧でどちらが中国かを判別しないと答えられない経済変動に関する小問を出したところ、イスラーム復興運動に関する別の小問でBが西欧であることが簡単にわかるようにしてあるにもかかわらず、ABを逆に考えた答案が多かったことに基づく出題である。これは一つ一つの小問ごとにしか回答を考えないマークシート用の受験勉強の悪影響だろうし、生産性があがらなくても人口が増えれば増加するというGDP総額の性質を理解していないことも問題である。なお二〇一三年の問題では、「世界史用語集の頻度数」がきわめて低い個別語句を正確に記憶しているが、こうした概念や思考法の面でお粗末な答案が多かったことから、二〇一四年［I］ではあわせて、個別名辞を書くことを制限する工夫もした。いろいろな意味での「考え方」を間違えたままでは、いくら暗記をしても解答できない入試問題がここにある。

なおこうした論述式の入試問題に対し、難関校以外では不可能な出題だという声がしばしば聞かれる。だが、マンモス私大でマークシートや穴埋め式以外の出題は無理なケースですら、考えないと答えられない出題は不可能ではない。それ以外の場でも「レベルの低い大学の受験生に論述式は無理」といった考えを聞くことがあるが、それは教える側の能力の低さの言い訳にすぎないだろう。世の中には学力の高低にかかわらず身につけさせねばいけないことがある。自分の知識や考えを表現する力がその一つであることは、欧米なら誰も反対しないのではないか。ちなみに内容からいえば、二〇〇七年［III］問4の朱印船の時代が十七世紀初頭であること、その直前に秀吉の朝鮮侵攻があって日中国交が断絶していたことは、高校入試で出題されておかしくない知識だろう。中国の主要王朝名を暗誦させる中学教員は多いから、二〇〇五年[I]の万里の長城が(北方民族に征服されて)無用の長物になった元と清という時代を知っている中学生も珍しくないはずだ。「ベトナム語のアルファベットは十七世紀に宣教師によってつくられた」と聞いても「ベトナム語は十七世紀に宣教師によってつくられた」と「間違った脳内翻訳」をしないように、文字と言語の違いを教育しておくことも、英語を習う中学校段階でできないこととは思えない。

三　高度な専門性との両立を求めて

話を大学教育に戻そう。第一節で紹介したような「解説」「概説」の仕事は、ともすれば「厳密な個別実証研究を突き抜けたすえにたどり着く達人の余技」か、さもなければ「個別実証研究で一流になれなかった者の仕事」とみなされてきた。だが、スポーツや芸術の指導者の能力がプレーヤーとしての能力とは別物であるように、歴史学においても個別実証研究と概説・解説は別の能力や訓練を要求するものである。大学の研究者全員が両方の能力をもつ必要はないにせよ、教育体制は両方を鍛えるものにしておかねばならない。ところが通常の大学の歴史学専攻では、概説・解説の能力を身につける系統的な訓練はおこなわれていない。それは第二節で紹介したような入試問題の作成能力にもかかわる。だから我々は第一節のようなしくみをつくったのだが、それはじつは、「後継者養成」などの高度な専門教育をゼミや研究会で「師匠の背中を見て覚える」だけにしておいてはいけない、という考え方と相ともなうものなのである。

よくご存じの読者も少なくないだろうが、大阪大学史学系はシルクロード(中央ユーラシア)古代史、東南アジア・海域アジア史、近現代のグローバル経済史など世界を広く見渡し積極的に世界に発信する歴史研究と、日本の国家成立(考古学)や中世史などの定説に対する関西の視点を活かした書き換えや、フィールドワーク(当然、中国語でおこなう)を重視する中国地域社会史など地域の生活感覚に根ざした歴史研究の二つの方向で、学界の主流に挑戦する研究を推進してきた。その成果は、最近の世界史教科書におけるグローバルヒストリーや中央ユーラシア史、アジア海域史の記述だけでなく、院政から中世とみなすような日本史教科書の変化にも反映されている。またそれらの分野に限らない、専門分野ごとの系統的な研究指導とそれを土台にした越境・他流試合の奨励に努めてきた。第一節の教育活動の土台となるこれらの研究は、日本史・東洋史・西洋史の三分体制の問題点を明瞭に認識しながら、それを安易に解体するのでなく、それぞれの専門性を強化しつつ統合された教育・研究に結びつけるという考え方を共有している。以下、日本史・東洋史・西洋史の三専修／専門分野と共生文明論コースについて、そのカリキュラムや指導体制の概要を紹介する。

日本史

日本史学専修／専門分野では、長年にわたる教育を通して、体系的なカリキュラムをつくりあげてきた。専修／専門分野として必修科目は指定していないが、共通して学んでほしい内容として、学部学生には、前述した東洋史・西洋史と共通の入門講義である「歴史研究の理論と方法」(二年生)、「日本史史料演習」と「日本史論文演習」(二年生と三年生)、「近世古文書の解読と整理」(三年生と四年生)、「卒論演習」(三年生と四年生)を、院生には「歴史研究の理論と方法」(他大学出身の院生)、「歴史教育論演習」、「修士論文作成演習」、「博士論文作成演習」を履修するように勧めている。

卒業論文については、三年生の八月にレポートを二本提出させ、この時点で学生に卒論で扱う時代を決めるよう求めている。その後、三年生の三月にレポートを一本課し、提出後にそれぞれの時代に分かれて演習をおこなっている。四年生になってからは、前期の「卒論演習」(日本史学の全教員出席)で二回報告をおこなったうえで、九月にレポートを一本提出させ、十月に実施する中間発表会を経て執筆に取りかかるよう促している。

また、七月に他大学出身の新入院生が研究発表をおこなう院生報告会、十月に卒論・修論の中間発表会を開催して、四年生や院生が日本史研究室構成員全員の前で研究発表をおこなう機会を設けている。

多彩な研究室企画も、日本史学専修/専門分野での教育において重要な位置を占めている。具体例をあげると、五月の新入生歓迎小旅行(日帰り)、十月の研究室旅行(一泊二日)、近世古文書演習における古文書調査合宿、近代の古文書調査合宿などを通じて、フィールドワークの方法や、実践的な古文書の整理作業能力を修得させている。また、自治体史編纂事業への協力を通じて、現地調査・史料整理の実践的能力を養成している。

一月には、大学を定年退職される前後の世代に属する学界の第一人者に、また適宜海外の日本史・日本文化研究者に、その研究成果を学生・院生に講演していただく、研究室例会を開催しているが、これらも教育的効果を狙ったユニークな企画である。

さらに、日本史学専修/専門分野では、学生・院生の自主的活動を奨励しており、院生主導で各時代別に院生・学生の勉強会が組織されている。近年では、院生に多言語多文化研究に向けた複合型派遣プログラム(OVC)や科研費による海外調査を奨励し、海域アジア史研究会などとも連携しながら、日本列島の枠を超えた研究を生み出している。

東洋史

　東洋史学専修／専門分野[8]は、中国史、中央アジア史、東南アジア・海域アジア史の三分野の教員を擁する。漢文資料から中国史を研究するだけ（もしくはせいぜい「中国＋その他」）という通常の大学とは違い、とくにこの三分野の基礎科目群を全員に学ばせるしくみは日本唯一のものである。それによって歴史学界でも一般にはよく知られていない中央アジア史や東南アジア史そのものが理解できるだけでなく、中国史（や日本史）の捉え方を刷新する効果がある。また三分野すべてを学び、さらに歴教研などで他流試合をするうちに、教員や院生は、歴史学や世界史教育におけるヨーロッパないし西洋中心主義批判のあり方として、ヨーロッパ／西洋発のグランドセオリーに対して「それは自分の地域にはあてはまらない」と論じて事足れりとするのでも、ヨーロッパ／西洋中心主義の「裏返しの自地域中心主義」を掲げるのでもなく、世界史全体をみて自分の専門とする地域に適切な位置づけを与える必要性に気づかされる。

　「阪大東洋史の売り」は、研究者養成と高度職業人養成の両方を強く意識した、明確な目標・方法をもち学年ごとに積み上げられる体系的なカリキュラムである。例えば最大の特色である「合同演習」（全教員・学生・院生が出席し毎週開催）では、学部三年生が一学期に専門論文を一本要約して紹介する「論文紹介」をおこなうのに始まり、三〜四年生で卒業論文のための準備発表を最大三回おこなう。大学院生はそれぞれ修士論文・博士論文のための予備発表が課されるほか、博士後期課程の院生は毎年四〜五月に分担して、学部新入生に向けた「東洋史学史」「漢籍入門」「工具書紹介」などの「入門講義」をおこなう。担当院生は毎年同じ話をするのでなく、基本事項を押さえながら、自分の関心や専門に合わせて違った内容を盛り込むことを求められる。最低でも三年間受講する学部生に、たんなる再放送でない講義を聴かせ、トータルで広い範囲を理解させようという発想からである。そのほかどの学年の発表・講義も、学部二年生(まだ発表義務はない)にわかる内容、および三分野のどれを専門とする学生にもわかる内容が要求される。学部生が共通して学ぶ科目として、三分野すべての「専門基礎科目」(教養科目の「アジア史学基礎A〜C」)、日本史・西洋史と共通の入門講義「歴史研究の理論と方法」、漢文読解、それに前記「合同演習」がある。他方分野別の内容として、三分野の一つを選んで英語論文読解と卒業論文の準備のためのゼミに出席させる。必要な現地語や第三外国語、分野別の歴史知識や考え方・理論などもあわせて学ぶ。なお学部レベルでは西アジアなど三分野以外の地域を学ぼうとする学生も当然いるので、三分野のうち比較的近いところのゼミに所属させたうえで、外国語学部や他大学の教員の力も借りながら、研究や卒論執筆をおこなわせている。ちなみに大学院を中心に、二分野、あるいは三分野すべてを学んで広域の関係や比較に関する論文を書く学生も徐々に増加している。

大学院入試は留学生・社会人を除く一般入試の場合、秋期入試では博士前期課程については文学研究科共通の外国語試験(英独仏露中のうち一つ)以外に、専門分野の独自問題として第二外国語(共通外国語と同じ五言語のうち第一外国語試験で選ばなかったもの)、漢文、歴史学と東洋史に関する長文論述と短文の語句説明などの問題を課す。春期入試は専門分野の試験だけで、英語、漢文、歴史学と東洋史に関する長文論述と短文の語句説明を出題する。専門分野独自の外国語試験は、中国語ではピンインの出題を必ずするのに対し、中国語以外は翻訳中心で、中辞典程度の辞書を持込み可としている。博士後期課程も修士論文に関する質疑を含んだ面接以外に、二言語の語学試験を課している。

史料や言語についていえば、卒業論文で使う史料は漢文だけでもよいが、大学院では、中央アジア史・

東南アジア史の場合は漢文以外の言語の習得が必須で、中国史の場合も漢文・中国語以外に英語の主要先行研究くらいは参照しないと合格しない。こうした言語の問題を含め、個別指導に基づく多様な「はみ出し」「再チャレンジ」を奨励しており、外国語学部などで新しい外国語を履修する学生に専門のゼミの欠席を認める、他大学出身の院生に学部科目や一部教養科目を履修させるなどの措置がとられることが珍しくない。院生中心だが一部学部生も巻き込んだ海外留学やフィールドワーク、それに博士後期院生では国際学会での発表(対象地域の現地語だけでなく一部は英語で)なども、ほぼあたりまえになっている。

西洋史

西洋史学専修は、古代ギリシア史、中世ヨーロッパ史、近世・近代のイギリス史・ドイツ史、現代のアメリカ史・オーストラリア史を六名の教員でカバーしており、古代史から現代史まで、オールラウンドな長期の時間軸のなかで研究対象を選ぶことが可能である。

講義は、主として学部二年生向けの入門講義に限定しており、三・四年生は演習中心の少人数授業が中心である。その学部生対象の演習は、目的と機能別に四つに分かれている。「リサーチ演習」は、史料の精読や研究書・学術論文の輪読を通じて、既存の研究史を批判的に検討し、新たな研究課題を見つけ出す能力を養う。「ディベート演習」は、例えば「総力戦とは何か」「帝国とは何か」というような共通に議論すべきテーマを設定し、そのテーマに関して具体例を交えて多面的に議論し、自分の見方・考え方を明確にさせる訓練を英語でおこなう。英語の運用能力を鍛える授業でもある。「西洋史学演習」は、講義・外書講読・学生のプレゼンを組み合わせたハイブリッド型の授業である。ゆるやかな共通テーマ(例えば、イギリス帝国とグローバルヒストリー)に即して学生が独自に設定した個別研究テーマについて研究報告をおこない、全員で討議をおこなうアクティブラーニング型の演習である。このほか、全教員と院生出席の「卒論演習」では、三年生の十二月に第一回卒論中間発表会を、四年生の五月と十月に二回の中間発表会をおこない、合計三回の研究発表を通じて各自の論文をまとめるように指導している。

大学院では、全教員・院生が出席する研究発表主体の「修士論文・博士論文作成演習」(通称院ゼミ)が最も重要である。そこでは、全院生に各学期に最低一回の研究成果発表を求め、またとくに博士前期課程一年の院生を対象として、一年目の十二月に徹底的に時間をかけた特別発表会を実施し、修士論文の執筆構想を確定するよう指導している。後期課程の院生には、院ゼミでの発表に加えて、毎年五月に開催する学会「ワークショップ西洋史・大阪」だけでなく、九州史学会・広島史学研究会・歴史家協会などの年次大会や、三年に一回のAAWH国際会議などでの研究発表をおこなうよう指導している。また、院生が主体となって学術雑誌『パブリック・ヒストリー』の企画・編集・出版をおこなう「DTP演習」は、西洋史学だけでなく歴史学界全体の研究動向を把握し、各自の研究を相対化するうえで重要である。

以上に加えて西洋史学専修では、オーストラリア史、グローバルヒストリーなど、他大学にない科目を開設しており、アフリカ史、西アジア史、ラテンアメリカ史など旧来の西洋史の枠組に収まらない諸地域の歴史を専攻する学生・院生も徐々に増加している。また、外国の第一線で活躍する教授陣を特別に招聘《しょうへい》して、英語で意見交換・対話をおこなうセミナーやワークショップを定期的に開催している。大阪大学グローバルヒストリー・セミナーがその典型で、すでに四〇回を超える実績を有し、その成果は Working & Discussion Paper として出版するとともに、ホームページ(http://www.globalhistoryonline.com/)で幅広く公開している。院生には、こうしたセミナーなどに積極的に出席したうえで、自分の研究の独自性を主張できるように指導している。

共生文明論コース

大阪外国語大学との統合（二〇〇七年度）にともなって発足した、大学院の修士課程のみで高度専門職業人の養成に特化した「文化動態論専攻」の四コースの一つである（入学は二〇〇八年度から。他の三コースは「アート・メディア論」「文学環境論」「言語生態論」）。

「共生文明論」の名称からはややわかりにくいかもしれないが、本コースは歴史学（日本史、東洋史、西洋史）、人文地理学、文化人類学といった学問分野から、人々の歴史や言語についての意識、文化観や民族観の形成と変動についてアプローチし、現代世界の理解と共生に貢献することをめざして設けられたコースである。加えて、大学の専門研究と教育の現場との間にある問題を考え、歴史教育の改善を検討することをコースの柱の一つとしている。

本コースには、前記の各学問分野からの五人の教員が所属する。コースの大学院生も文学部の史学系出身に限らず、中学・高校・大学の教職員出身ほかの社会人大学院生や外国人留学生も含め、学部時代の専門は多様である。大学院生たちが取り組む研究テーマの幅も広く、個々のテーマが分野横断的・学際的であることも多い。必然的に、自らの研究テーマの内容・方法・意義などを異なる分野の教員・大学院生に説明する力量をつけることが求められる。それと同時に教員も広い視野からの指導・助言ができるよう、努力が必要となる。

個々の教員のゼミ（修了研究演習）に加えて、共生文明論コース全体の研究発表会を定期的に開催し、わかりやすい説明ができるかどうかも含めたプレゼンテーションと「聞く力」「問いをつくる力」の訓練の場としている。「専門」の狭いワクから出て、各分野では自明のことごと(方法・視点・価値観など)を再発見・検証する場ともなっている。ほかに本コースで開講する授業としては、「歴史的地域論講義」「同演習」、「地域文化構造論講義」「同演習」(いずれも複数開講)などがある。

これら以外にも、コースの大学院生が文学部・文学研究科のほかの専門分野の授業に出席して、自らの研究テーマに必要な知識・技能を修得していることも特色である(外国の大学への長期・短期の留学・聴講も含む)。とくに大多数が参加し、また勧めているものは、「歴史教育論演習」(=大阪大学歴史教育研究会。歴史系の他の専門分野と共生文明論コースが共同で開講)や、「歴史学のフロンティア」「歴史研究の理論と方法」(いずれも先述)である。

なお、これまでの修了生(二〇名)の進路は、高度専門職業人として中学校・高等学校の教員五名のほか、一般企業、地方公務員、大学事務職員への就職があり、また博士後期課程への進学者も二名いる。

最後に本コースの大学院入試(社会人・外国人留学生以外の一般選抜)の現状について言及したい。秋期入試・春期入試ともにコースの特色を反映して、共生文明論にかかわる歴史学・人類学・地理学の基礎知識(中規模の論述と重要語句の知識。選択式)を問う筆記試験があり、研究概要(秋期のみ)ないし卒業論文に基づく口頭試験がある。加えて秋期では文学研究科共通の外国語試験(英独仏伊露中から一つ)、専門研究に必要な文献読解能力を問う筆記試験(英独仏伊ないし古典漢語・日本史料から一つ)があり、共通の外国語試験のない春期では英語文献の読解能力を判定する問題が課される。なお、過去の問題はネット上で公開(文学研究科の各専門分野・コースとも)している。

おわりに

歴史学を日本史・東洋史・西洋史という三つの分野に区分するしくみが最初から問題を抱えていたこと、現在ひどい制度疲労を起こしていることは、我々も十分認識している。しかしだからといって三区分をただちに撤廃しても、それに対応して「唯一の歴史学」を教える準備が我々にあるだろうか。それはますます無責任体制をはびこらせるだけではないのか。そう考える我々は、三つの専修・専門分野を解体するのではなく、むしろそれぞれの専門性を強化する方向をとりながら、一方で共生文明論という新しい組織形態も試行している。その際に、各専門分野・コースを「タコツボ化」させず、日常的な交流や総合的な発信をおこなうためのしくみとして、「歴史教育」「グローバルヒストリー」などが機能しているのである。

以上の「阪大モデル」のうち、歴史教育刷新のミニマム・コアとして教養課程の世界史、新しい史学概論、専門に閉じこもらないプレゼン・討論演習の三点セットは、あらゆる大学に広げることが可能かつ必要ではないだろうか。ただし狭義の専門教育への応用は、旧帝大など大規模な研究大学以外では難しいかもしれない。とすれば、国公立の地方大学や単科大学、私立大学などでそれぞれのモデルが考案・共有されねばならない。本章が、そうした議論を巻き起こす刺激になれば幸いである。

◆註

1　代表的なものとして、活動の初期について[桃木 二〇〇九・二〇一二・大阪歴史科学協議会 二〇〇九]、最近の状況については[桃木 二〇一四・桃木／大阪大学歴史教育研究会 二〇一五]などがある。

2　東洋史学と西洋史学は、教員組織としては「世界史講座」に属する。このほか、美術史・日本学など文学研究科各専門分野・コースや、経済学研究科、言語文化研究科・外国語学部など他研究科・学部に、旧大阪外大教員を含め多くの歴史系教員が存在する。

3　〔桃木／大阪大学歴史教育研究会　二〇一五〕では、解説を聞く高校教員側(例：そんなに新しい内容を教えたら生徒が戸惑う、まず知識を暗記させてからでなければ考えさせることはできない)・解説をする大学教員側(例：研究者は専門外の事柄を語ってはいけない)が抱きがちなそれぞれの「誤解」や「先入観」について、やや詳しく論じた。

4　この教科書についても高校・大学の研究会・シンポジウムなどで再三紹介したが、なかでも立教大学のシンポジウム「高校世界史教科書記述・再考　研究者の視点から」(二〇一五年三月四日)での報告〔桃木　二〇一五〕が最も詳しく、活字化も予定されている。この教科書は、歴史を学ぶ意味やこの本の性格・狙い、人類の出現と世界の地理について書いた序章と、歴史学の方法と動向、専門的に学ぶ方法／学ぶ場所と参考文献を書いた終章に挟まれた一三章で、時代順に大づかみな世界史の構図を説明する。現行「世界史Ａ」教科書と違い古代・中世も叙述するが、それは「世界史Ｂ」教科書のようにやたらに詳しくはない。また古代〜近世におけるヨーロッパ史の比率は大幅に低められている。本文中には論争史や学術の歴史を含む多くのコラム、アクティブラーニングにも利用可能な多数の問いかけが含まれている。

5　「知のジムナスティックス科目」として、学部高学年および大学院生向けに開講されている教養科目群を指す。従来の教養科目(全学共通教育科目)では、卒業のために一定の単位数の取得が義務づけられているのに対し、高度教養科目は卒業や大学院修了の条件にはいっさいならないが、「専門の入り口」で学ぶ全学共通教育科目に対して、むしろ「専門の出口」で、自己の専門性を外部の社会と結びつけるためのスキルや知識を身につける場として、専門外で特定の科目群を履修する「高度副プログラム」(「副専攻」はさらに別)などと並び、一定の役割を果たしている。

6　講義に基づく一般書として〔秋田／桃木編　二〇〇八・秋田／桃木編　二〇一三〕の二冊が出版されている。

7　これまでの変遷は省略するが、文学部は世界史Ｂ・日本史Ｂ・地理Ｂおよび数学のうちから一科目、外国語学部は世界史Bと数学Bのうちから一科目を選択するのが現在のしくみである。同じ科目については両学部の問題はこれまでのところ同じである。残念ながらこれ以外の学部の二次試験には地理歴史が課されていない。

8 〔向 二〇一三・桃木 二〇一四〕でより詳しく紹介されている。

◆参考文献

〔秋田／桃木編 二〇〇八〕 秋田茂・桃木至朗編『歴史学のフロンティア――地域から問い直す国民国家史観』大阪大学出版会

〔秋田／桃木編 二〇一三〕 秋田茂・桃木至朗編『グローバルヒストリーと帝国』大阪大学出版会

〔大阪大学歴史教育研究会 二〇一二〕『成果報告書シリーズ5 阪大史学の挑戦2』大阪大学文学研究科

〔大阪大学歴史教育研究会編 二〇一四〕『市民のための世界史』大阪大学出版会

〔大阪歴史科学協議会 二〇〇九〕「特集 歴史学と歴史教育のあいだ」(『歴史科学』第一九七号)一～三〇頁

〔懐徳堂記念会編 二〇〇八〕『世界史を書き直す・日本史を書き直す――阪大史学の挑戦』和泉書院

〔高等学校歴史教育研究会 二〇一四a〕『歴史教育における高等学校・大学間接続の抜本的改革を求めて(第一次案) 世界史B・日本史Bの用語限定と思考力育成型教育法の強化』(https://sites.google.com/site/ourekikyo/news)

〔高等学校歴史教育研究会 二〇一四b〕『歴史教育における高等学校・大学間接続の抜本的改革―アンケート結果と改革の提案―』(https://sites.google.com/site/ourekikyo/news)

〔日本学術会議 二〇一一〕 日本学術会議史学委員会高校歴史教育に関する分科会「提言 新しい高校地理・歴史教育の創造――グローバル化に対応した時空間認識の育成」(http://www.scj.go.jp/ja/info/kohyo/division-15.html)

〔向 二〇一三〕 向正樹「大学教養教育・専門教育刷新の取り組み」(東方学会秋季学術大会シンポジウムⅡ「高大連携で取り組むアジア史教育の再建」十一月八日、日本教育会館〈千代田区一ツ橋〉〈大阪大学歴史教育研究会報告書シリーズ10所

収、二〇一四年〉）
［桃木 二〇〇九］ 桃木至朗『わかる歴史・面白い歴史・役に立つ歴史——歴史学と歴史教育の再生をめざして』大阪大学出版会
［桃木 二〇一二］ 桃木至朗「全体を見る、違った世界にまたがって生きる——日本の「歴史業界」再生に向けた一方策」（『歴史の理論と教育』第一三八号）一五〜四九頁
［桃木 二〇一四］ 桃木至朗「大学における専門教育・教員養成教育の刷新——歴史教育における高大連携の新しいかたち」（『九州歴史科学』第四二号）八九〜九七頁
［桃木 二〇一五］ 桃木至朗「新しい世界史叙述と歴史学入門を目ざして——阪大史学系の取り組みから」（シンポジウム「高校世界史教科書記述・再考 研究者の視点から」〈三月四日、立教大学〉）
［桃木／大阪大学歴史教育研究会 二〇一五］ 桃木至朗・大阪大学歴史教育研究会「高大連携で取り組む歴史教育の総合的改善」（『歴史評論』第七八一号）二五〜三四頁

歴史学若手研究者の連携と協働に向けて

中村 翼・後藤 敦史・向 正樹・中村 武司

はじめに

現在、多くの若手研究者が苦境に立たされている。一九九〇年代以降の大学院重点化政策により大学院生の数が増加した一方で、少子化の影響もあって大学の専任教員ポストが削減され続けていることがその大きな背景にある。広くなった「入り口」から研究者をめざして大学院に進学したものの、肝心の「出口」が広がるどころか狭まり、専任のポストに就職できない若手研究者が数多く存在している。

歴史学をはじめとする人文学の場合、若手研究者はいったいいかなる状況にあるのか。**図1**は、文部科学省が実施している学校基本調査の統計資料をもとに、一九九一(平成三)年から二〇一四(平成二十六)年にかけての人文学系の博士(後期)課程の進学者数、修了者数、就職者数の推移をまとめたものである。旧七帝大をはじめ主要国立大学で大学院重点化が完了した二〇〇〇年にかけて、進学者数は増加し続けたものの、その後は減少の一途をたどっている。二〇一四年度の進学者数は、最も多かった二〇〇〇年度の七割程度を占めるにすぎない。またグラフには反映されていないが、国立大・公立大以上に私立大の進学者数が大きく減少していることも資料から確認される。その一方で、修了者数、就職者数は趨勢《すうせい》として増加しているが、これには注意が必要である。学校基本調査の統計にある修了者数とは満期退学者数も含んだものであるうえに、就職者も大学教員職に就いた者とは限らないからである。

そこでつぎに、博士号取得者数と大学教員就職者数もみておこう(**図2**)。多少の増減はあるとはいえ、大学院重点化を契機に(課程)博士の学位の取得者数は年々増加しており、一九九一年三月には修了者数全体に占める比率は一二・三%だったが、二〇一四年三月には全体の三九・八%となっている。満期退学後に博士号を取得した者も含めるとその比率は多少増加するだろう。

それに対して、大学教員就職者数は大きくは変化しておらず、二〇〇人前後で推移している。また、博士課程修了後しばらくして就職した者の数がこの統計に含まれているのかは判然としない。いずれにせよ、院生や博士号取得者の数が大きく増えたといっても、アカデミック・ポストというパイをめぐる状況は昔のままか、悪化しつつあることが、統計からはっきりと確認できる。大学教員職以外の職種への就職者も増えているとはいえ、一九九〇年代以降増加した修了者の数を踏まえれば、その数はあまりに少なく、博士課程出身者の「供給過剰」は明らかだろう。大学院修了後、多くのポストドクターたちが非常勤講師など不安定な雇用条件のもとで、将来の見通しが十分に立たないまま、研究を何とか続けていることは(いわゆる「高学歴ワーキングプア」の状態)、現在、深刻な社会問題として広く認知されており[水月 二〇〇七・崎山 二〇一二]、歴史学の分野でも、その実態調査や情報の共有が進められつつある。[1]

もとより若手研究者問題は、人文学系に限定されたものではない。しかし、「実学」重視の近視眼的な大学制度改革が進行するなか、歴史学を含む人文学系をめぐる状況は一層深刻になっており、このままで

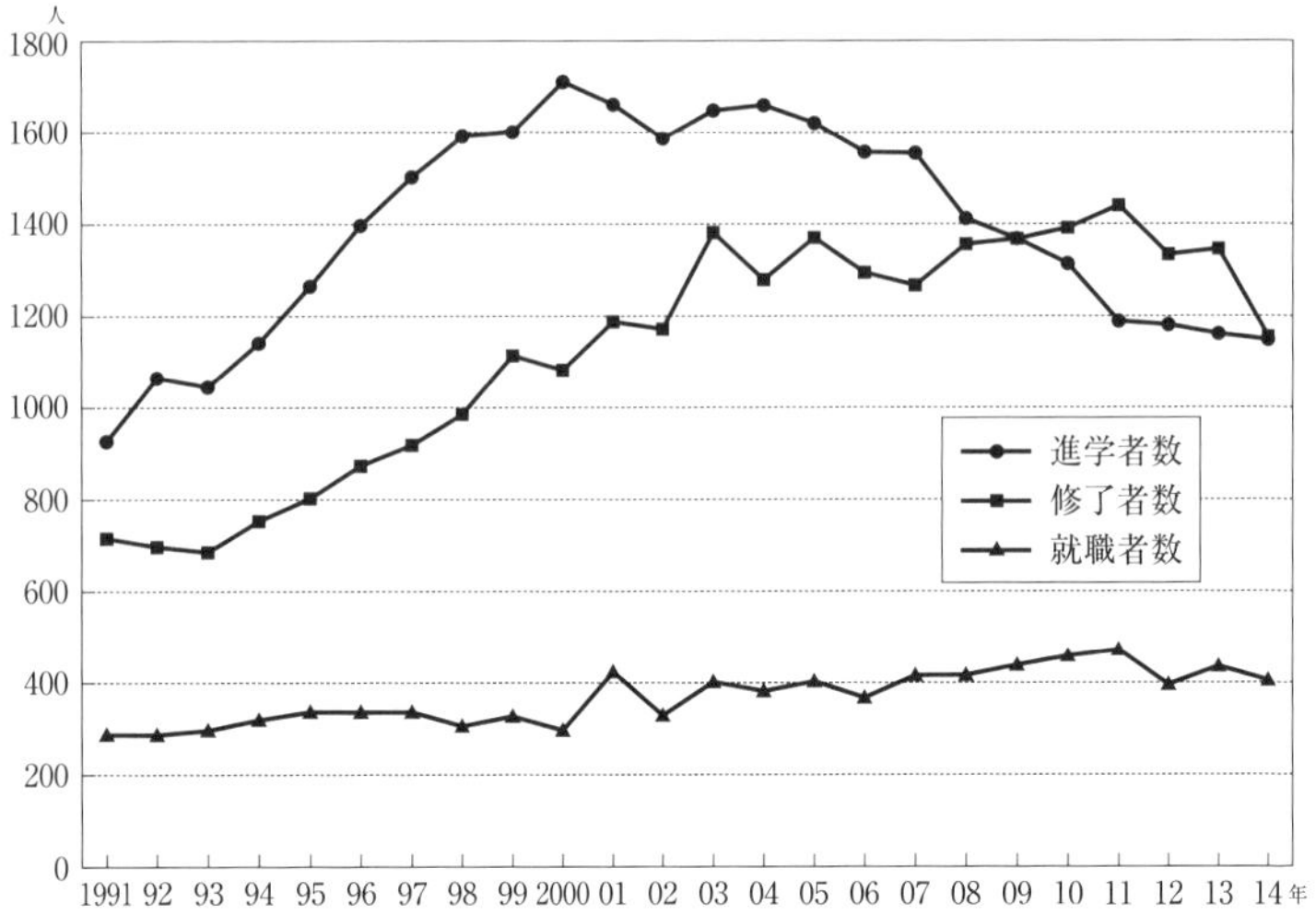

▲**図 1**　人文系博士課程学生の状況(1)　進学者数・修了者数・就職者数

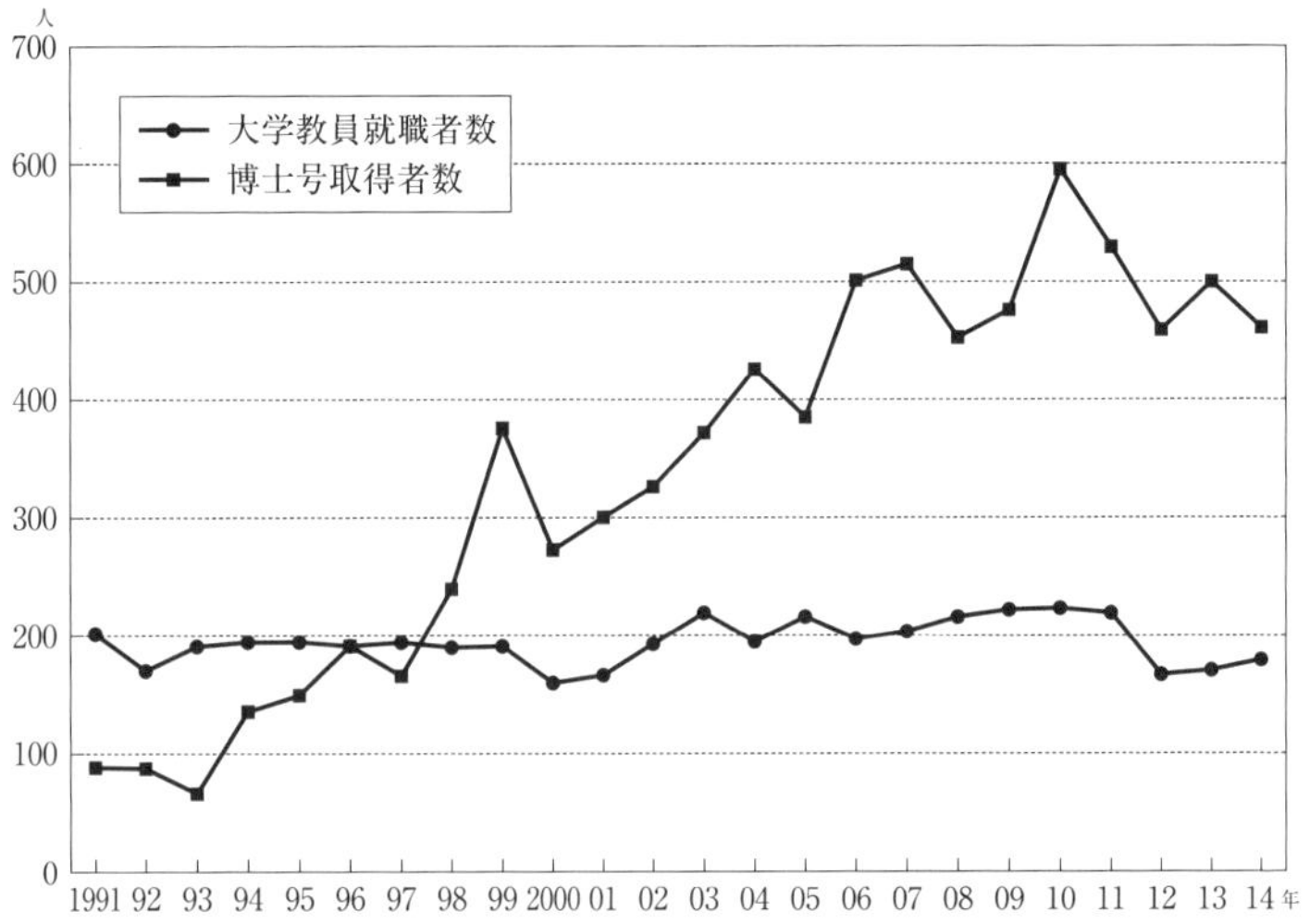

▲**図 2**　人文系博士課程学生の状況(2)　博士号取得者数と大学教員就職者数

出典：図 1 ・ 2 ともに学校基本調査(http://www.e-stat.go.jp/SG1/estat/NewList.do?tid=000001011528)より作成

はますます「切り捨てられる」ことになるのは間違いない〔例えば、石原 二〇一四〕。

このような状況において、どのような「生存戦略」が若手研究者たちに求められるのだろうか。もっともこの問題は大学や学界、あるいは社会全体で解決をめざすべき構造的なものであり、若手研究者たち一人一人の自己責任論に矮小化《わいしょう》化して扱ってはならないことは言をまたない。とはいえ、若手研究者自身が問題の全体的な解決を座して待つという時間的・精神的な余裕はもはやないだろう。若手たちが自ら直面している問題に対し、戦略的に立ち向かうことも重要である。むろんそれは、たんに限られた専任ポストを「奪い合う」ための戦略ではない。専任教員ポストの数に対する若手研究者の「人口過剰」という問題において、彼ら彼女たちの全員がその「マルサスの罠」を脱出するための戦略である。同時にその戦略とは、歴史学研究とその社会的影響力の「復権」をめざすうえで、幾ばくかのヒントを含むものとなろう。

本稿は、歴史学を事例に、その戦略のあり方を問うものである。その際、大阪大学歴史教育研究会の活動を通じて培われた若手研究者間のネットワークとその活動を紹介し、考察を進めることとする。若手研究者問題に立ち向かうには、若手研究者同士の連携と協働がこれまで以上に求められている。このような前提で、ネットワークをキーワードとして前記の課題に迫っていきたい。

一 「若手研究者問題」と大阪大学史学系

成果主義の横行と歴史学の危機

若手研究者に限定された話ではないが、いわゆる成果主義が近年の日本の学術界全体を覆っている。いかに早く効率的に「成果」を出すかということが重視されるばかりか、それが科学研究費補助金をはじめとする外部資金の獲得にも直結するため、研究者たちは否応なく競争を強いられている。ここでいう成果とは、多くの場合、学術論文の数で評価される。論文数の多寡が専任教員ポストへの就職に関連する以上、若手の研究者はとくに成果主義の現実を強く意識せざるをえない状況にある。少しでも早い博士号の取得が求められる現実ともあいまって、学術誌にできるだけ早く多くの論文を発表することが、研究者の第一歩として何よりも重視されているのだ。

しかし、目に見える成果を追求するあまり、近年歴史学の各分野では、専門の「タコツボ」化が以前にも増して進行していることは否定できないであろう。もちろん、研究の細分化それ自体は、一概に否定されるべきことではない。それは研究の高度化・専門化と背中合せの話でもある。だが、狭い専門分野のなかでの論文の「量産」を急がされるあまり、各学界の全体的な動向を十分に把握しないまま、その分野内のハイ・コンテクストな状況でしか議論ができないという研究者が生まれやすくなっているとすれば、事態は深刻である。

このような状況は、学界全体の危機にもつながりかねない。一例をあげよう。日本の西洋史学は従来、⑴経験主義的な実証研究を追求する一方で、⑵研究成果を踏まえた社会への啓蒙・教育活動という二点を、学界共通の目的として共有してきたはずである。しかし、成果主義が蔓延《まんえん》するなかで、多くの研究者、とりわけ若手研究者たちは好むと好まざるとにかかわらず、⑴に傾斜しているのが現状といえる。その結果、日本の西洋史学は学界全体としての方向性のみならず、社会に対する発言力を一層喪失しつつあるのではないだろうか［例えば、川北 二〇一一・井上 二〇一二など］。さらに悪いことには、研究全体の方向性が見失われたため、これまで日本の西洋史学が乗り越えようとしてきた時代錯誤的な西洋認識(ヨーロッパ中心主義)

や制度を温存・再生産する危険性さえ生じてきているのである。

また、このような問題をはらんでいる成果主義と、(若手)研究者に対する社会あるいは大学の要求が、まず一致しないことも指摘しておかなければならない。若手研究者の多くが、細分化された各研究領域のなかで論文の量産を迫られる一方で、大学教育では、常勤・非常勤を問わず、各教員の個別研究の成果に基づく講義が要請されることはほとんどない。大学教育、とくに教養教育の範疇《はんちゅう》に区分される科目では、西洋史であれば西洋史全般の講義というように、その分野全般にかかわる講義を求められる場合が多いだろう。日本近代史を専門にしている研究者が、講義では日本の原始・古代から始まる通史について授業をしていることも珍しくはない。このような教育と研究をめぐるズレに対応する方途がないとすれば、それは若手研究者にとっても、受講する学生にとっても、不幸なことといえよう。

阪大史学系の若手研究者の状況

右のような状況を踏まえたうえで、次に大阪大学の文学部史学系(日本史・東洋史・西洋史の各専門分野)の若手研究者たちの状況について説明しておきたい。**表1**は、一九九七年から二〇一三年にかけての博士後期課程の進学者数、博士号(課程博士)の取得者数、大学教員の就職者数をあらわしたものである。なお大学教員の就職者数については、非常勤教員を除く一方、任期付きであっても専任教員であれば計上している。また同じ研究職であっても、博物館の学芸員やポストドクター職(任期付研究員など)への就職者は含んでいない。

この表から、まず博士後期課程の進学者一三一名に対し、半数以上が課程博士を修了していることが確認できる。また大学教員への就職者数は四一名で、数字を単純に比較するならば、博士後期課程進学者の

表1　大阪大学史学系博士課程学生の状況

年度	博士後期課程進学者	課程博士号取得者数	大学教員就職者数
1997	6	1	2
1998	9	4	4
1999	18	1	2
2000	7	5	2
2001	10	3	0
2002	9	4	3
2003	16	7	3
2004	8	3	0
2005	4	5	3
2006	7	5	1
2007	9	12	1
2008	1	3	1
2009	5	5	6
2010	8	2	4
2011	6	9	3
2012	6	4	2
2013	2	4	4
計	131	77	41

出典：『大阪大学大学院文学研究科年報』(2002-14年)並びに『待兼山論叢(史学篇)』(1998-2014年)より作成

四人に一人、課程博士修了者の二人に一人以上の割合で、大学教員に就職していることになる。ただし当然ながら、博士後期課程の進学から博士号の取得までは少なくとも三年以上のタイムラグが生じるため、表にあげた進学者と博士号取得者の数が完全に重なるわけではない。また大学教員就職者数には、三年の任期が原則である日本史、東洋史、西洋史各研究室の助教職への就職も計上しているが、その数が一八名と就職者数の四割近くを占めているため、これによる「上方修正」が施されていることにも留意が必要である。

それでも、先述した人文学系の博士課程学生の状況を考慮すると、大阪大学史学系は「健闘」していると評価してもあながち誇張にはなるまい。この背景には、もちろん個々人の努力が重要な要因としてあげられるにしても、史学系の大学院生やポストドクターの間の様々な連携と協働によるところが大きいことも無視しえない。そのなかでも、本稿が取り上げるのは、歴教研における若手研究者を中心とした一連の取組である。歴教研には、日本史、東洋史、西洋史各研究室から、数多くの大学院生・ポストドクターが参加し、研究室間、ひいては分野間の垣根を乗り越えようとする活動を試みてきた。歴史学の危機的状況と若手研究者問題とが深刻化する現在、当事者たちがいかなる戦略でそれに立ち向かい、対応すべきかを考えるうえで、それは一つの手がかりとなるのではないだろうか。

二　大阪大学歴史教育研究会における若手研究者の取組

二〇〇五年十一月に設立された歴教研とその活動については、代表の桃木至朗などによってすでに何度か紹介されているが、ここでは、歴教研の事務・運営を担ってきた執筆者たちの経験を踏まえながら、若手研究者たちがどのように歴教研の場を活用してきたのかを紹介しよう。

「グローバル・ヒストリーと世界システム」読書会

歴教研は、日本史、東洋史、西洋史の各専門分野から、一人以上の大学院生またはポストドクターを事務局員として配している。報告者の選定、研究会参加者へのメール案内、ホームページの管理、必要書類の準備・作成など業務は様々だが、基本的にはいわゆる事務仕事が中心である。

ところで、歴教研の発足以前は、日本史や東洋史、西洋史の各研究室間の研究面での交流はほとんどなかった。研究会を通じて各専攻の大学院生たちがせっかく集っていても、事務仕事だけでお互いの専攻のことを知らないというのは惜しい。このような考えから、二〇〇七年度当時に事務局を担当していた中村武司が提案し、同様に事務を担っていた向正樹、後藤敦史も賛同して開始されたのが、「グローバル・ヒストリーと世界システム」読書会である。二〇〇七年六月に最初の読書会が開催され、その後は月に一度の頻度で開かれるようになった。

読書会には、日本史、東洋史、西洋史各研究室の大学院生に加え、歴教研に参加している高校の教員もしばしば参加し、世界史やグローバル・ヒストリーにかかわる著作一冊または論文一本を対象に、書評会形式で進められたのである。

文献を選ぶにあたっては、狭い意味での日本史、東洋史、西洋史の枠組を超える問題提起を含むものをとくに重視した。羽田正『〈興亡の世界史15〉東インド会社とアジアの海』(講談社、二〇〇七年)、松田武・秋田茂編『ヘゲモニー国家と世界システム――二〇世紀をふりかえって』(山川出版社、二〇〇二年)、水島司編『グローバル・ヒストリーの挑戦』(山川出版社、二〇〇八年)、山下範久『世界システム論で読む日本』(講談社、二〇〇三年)、ジャネット・L・アブー＝ルゴド(佐藤次高・斯波義信・高山博・三浦徹訳)『ヨーロッパ覇権以前――もうひとつの世界システム』(岩波書店、二〇〇一年)などがその例である。また、速水融『近世日本の経済社会』(麗澤大学出版会、二〇〇三年)のように、日本史研究に分類されるものであっても、「勤勉革命論」のような歴史学全体に多大な影響を与えた理論を含む文献であれば、読書会で積極的に議論した。評者についても、『ヨーロッパ覇権以前』のようにアフロ・ユーラシア世界の東西にまたがる地域を対象とした文献の場合は、複数の研究室から評者を数名立てるなど、参加者が多様な意見を聞き、活発な議論ができるように工夫した。

こうした活動を通じて、参加者たちは、自分の専門分野だけでは普段あまり読むことのない著作を読書会の機会を利用して読み、近年とくに注目を集めているグローバル・ヒストリーをはじめとする歴史学の新たな潮流について、その理論・方法に関する理解を深めることができたといえる。また読書会は、専攻を異にする研究者たちの様々な意見や考えを聞くことで、各自の研究関心のみならず、歴史学界全体の動向を共有する場となり、また同世代の研究者の間で、専門の枠を超えたネットワークが形成される端緒となったという点でも、非常に重要な意味をもつものであった。

しかし、大阪大学史学系に所属する大学院生全体の数からすれば、読書会への参加者は限られていたことも認めざるをえない。日本史、東洋史、西洋史の各研究室で開講されている授業や勉強会とまったく重ならない時間帯で開催するのが難しかったうえに、先述した成果主義が院生の間でも根強いなかで、自身の研究には直接関係しない読書会に参加する積極的な意味づけを、筆者たちがうまく提示できなかったということも一因であろう。結局、中村(武司)、向、後藤の三名が就職して事務局から退いていくなか、読書会も二〇一一年度以降は開かれていない。日本の大学の史学系で分野・専修を横断する読書会が開催され、議論や対話が重ねられることはあまり例のないことであり、その早期の「復活」が望まれよう。

大阪大学歴史教育研究会による大学院生のグループ報告

先述した読書会と同様に、専門分野の横断とそれによる歴史学界全体の動向の共有をめざす試みとしてあげられるのは、歴教研で二〇〇八年度から実施している大学院生たちのグループ報告である。

毎月第三土曜日に開催される歴教研の例会は、阪大文学研究科の土曜日開講の演習科目としても設定されており、各専門分野から少なくない数の大学院生(おもに博士前期課程・修士課程に在籍)が参加している。

研究会発足からしばらくは、受講者はただ研究会に出席するだけで、議論への参加も積極的とはいえない状態だったが、二〇〇八年度からは、専修横断的にグループを編成し、半年間の準備期間を経て、特定のテーマに即した報告をおこなうことを課題として設定した。例えば二〇一〇年度には「世界システムのへゲモニー国家と日本」という共通テーマを設定し、大学院生たちは、「オランダと日本」「イギリスと日本」「アメリカ合衆国と日本」という報告を実施した。また二〇一一年度には、三つのグループが、「ジェンダー史・環境史・科学史」のなかからテーマを選び、報告している。[2]

大学院教育におけるこの課題の意義については、すでに紹介があるが［桃木／大阪大学歴史教育研究会 二〇一五］、ここではとくに若手研究者の養成における意義について述べたい。特筆すべきなのは、グループ発表での研究課題の大枠の選定が、事務局に委ねられていることである。つまり事務局を担当する博士課程の院生やポストドクターたちが、適切な課題を選定し、必要に応じて効果的な助言・指導をおこなうためには、各自の専門分野だけではなく、広く歴史学界の動向を把握することも必要とされるわけである。ある意味、試されているのは受講院生よりも事務局の側なのだ。

また、研究会の性格上、それに参加する大学院生、とりわけ博士前期課程・修士課程の学生には高校教員をめざしている者も多く、実際、グループ発表を経験した大学院生がその後高校教員となり、高校の歴史教育の現場で活躍しているという例も数多い。

また通常、高大連携という場合、高等学校の教育に対する大学の一方向的な「貢献」ばかりが強調されがちである。とはいえ、高校との文字通りの対等な連携を進めることは、研究者養成の面でも積極的な意味をもつのであり、グループ発表はこの点で大きな効果をもたらしているのではないだろうか。というのも、グループ報告の経験者が、高校教員となったのちも研究会に参加し、報告をともにおこなった同世代の受講生(就職した者もいれば、博士後期課程に進学した者もいる)との交流や情報交換が継続することも決して珍しくはない。そこでの対話や議論を通じて、研究会にかかわる若手研究者たちは、歴史学・歴史教育における高大連携のあり方と問題点を意識し、最新の歴史研究の動向を咀嚼《そしゃく》するとともに、自身の研究をより大きな研究の文脈や「世界史」のなかに位置づけて考える習慣を身につけていくのである。

このグループ報告に関しても、多くの課題がある。二〇〇八年度から始まり七年が経過した現在、マンネリ化を防ぐためにも報告課題のより一層の充実が求められるのはいうまでもない。とくに研究者志望の大学院生には、世界史や歴史学全体の動向を学べるというメリットよりも、自分の専門とは直接関係のない課題で負担が大きいというデメリットが実態以上に強調されているようにも見受けられる。この点は先に紹介した読書会と同様であり、その克服がぜひとも必要とされよう。

また日本史、東洋史、西洋史の研究室別にみた場合に、参加する大学院生の割合からいうと、代表の桃木が所属する東洋史研究室の大学院生は参加者が比較的多いものの、西洋史と日本史がともに少ないという問題も指摘できる。異なる専門分野の大学院生たちがネットワークを構築し継続していくためにも、これまで以上に大学院生への積極的な呼びかけが必要となる。なお、日本史の院生の歴教研に対するコミットメントの低さとそれがもたらす問題については、次節であらためて論じることとしたい。

三　歴史教育研究会の活動を踏まえた歴史教育の刷新と課題

高校の歴史教育が「日本史」と「世界史」に分かれ、また大学でも「日本史」「東洋史」「西洋史」の三講座に分かれていることの弊害については、これまでも多くの研究者が指摘してきた［羽田 二〇一一など］。あたかも日本の歴史が世界の歴史とは無関係に動いているかのような錯覚を与えてしまうことは、その最大の弊害の一つであろう。それとの関連でいうと、歴教研に関しても、これは「世界史」の研究会であって、「日本史」には関係がないと考えている「日本史」の研究者や高校教員、学生も多いのではないだろうか。だが、筆者たちは、それは誤解にすぎないと強く主張してきた。

確かに、日本国内において、日本史がナショナル・ヒストリーとして社会から期待・要請される役割には、他の国・地域の歴史研究とは異なる部分が多い。歴史教育の面でいえば、「日本史」は、日本に住む人々(日本国籍をもつ者とは限らない)が日本社会を支える「市民」としての自覚を抱くように促す一つの方法として、その役割が期待されている。これは、日本社会をより良いものとしていくためにも重要なことであろう。

だからといって、右のようなナショナル・ヒストリーとしての「特権性」に、日本史の専門家たちが「安住」するようなことがあってはならない。そもそも日本人だから日本史を勉強・研究するということが、じつは知的根拠には乏しいという点も自覚する必要がある。日本史の「特権性」を相対化するためには、イギリスにおける「イギリス史」と、日本における「日本史」を比較してもよいかもしれない。かつての帝国が解体した一方で、ヨーロッパ統合が進展した二十世紀後半以降、イギリスでは多文化・多民族状況に応じたナショナル・ヒストリーの見直しやイギリス本国史と帝国史との統合が試みられており、日本とはおおいに様相を異にしている。それに対して、戦後における日本史は、旧大日本帝国内の地域やそこに住んでいた人々を切り捨てた「一国史」としての性格が強かったといえる。

確かにアカデミズムの世界においては、とりわけ一九九〇年代以降、安易な日本特殊論や「固有の文化」論の再検討がめざされてきたし、ポストモダンの思想や国民国家論が「常識」となった現在では、「一国史」批判などはすでに克服された課題だとみる向きもあるかもしれない。しかし、大学の教養教育の現場をみる限りでは、その「後遺症」は今でも深刻であるといわざるをえない。こうした状況にあっては、ともすればナショナル・ヒストリーが、狭隘《きょうあい》な愛国主義や尊大な自国認識を生産・再生産しかねないことを、とくに日本史研究者は十分に認識しなければならない。「皇国史観」がその最たる例といえようが、「従軍慰安婦」やヘイトスピーチをめぐって世界中で何が議論されているのかがほとんど省みられることなく、ガラパゴス化した言説が日本中を席巻しつつあるのも、自国の歴史を客観的にとらえられないところに理由の一つを求められよう。

このような狭い歴史認識を克服するためには、日本列島の歴史を多様な観点から考えるための訓練が有効と思われる。世界史教育の役割の一つとして、「つなぐ力」と「くらべる力」を鍛錬するということが指摘されているが［小田中 二〇〇七］、その力は、日本史にとっても重要な意味があろう。また、科目としての「世界史」も「日本史」も、叙述において互いに無関係であってはならず、日本史を組み込んだ世界史とともに、世界史的視野を備えた日本史の双方を、より一層鍛え上げていく必要がある。日本史を論じるうえでも世界史への視座が重要なのであり、日本史研究と世界史研究を、車の両輪として機能させなければばならないのである。

また、歴史教育の現状に鑑みれば、日本史と世界史のいずれにしても、中等教育で十分な教育を受ける機会が与えられなかった大学生が数多くいるという問題を無視してはならない。中学社会科の「歴史」は、日本史が中心で、世界史は日本に関連する部分に限って触れられる程度である。他方で、高校の地歴科では、世界史が必修ではあるものの、多くの高校では近現代中心の「世界史A」、あるいは「世界史B」の一部だけを一年次に週二時間程度履修させるに留まり、二年次以降に選択科目として「世界史B」を選ばなければ、世界史を通史的・体系的に学ぶことなく卒業してしまう。また、選択科目として「日本史（A・Bともに）」を選ばなければ、高校三年間でまったく日本史を学ばないことになる。

その結果、中学校以来まったく日本史を履修せず、また世界史も高校一年次にその一部を学んだだけで、体系的な歴史理解・認識を獲得する機会をもつことなく大学に進学する学生が大量に生み出される結果となる。そのような学生たちのなかには、インターネット上に氾濫《はんらん》する虚偽に満ちた「日本史」（とくに「近代日本史」）の情報にときに翻弄される者もでてくるだろう。暗記科目という認識のまま、教科としては深刻な「歴史離れ」が進む一方で、「自虐史観」というレッテル貼りによって、安直な自国史賛美に（それとは意識されない形であっても）流れてしまうという危機的な状況が現前しつつあるのだ。

このような状況を考慮すると、歴史教育を担う場としては、中学・高校における改善も当然必要だが、大学における歴史教育の役割もまた、真剣に議論されなければならない。歴教研が、大学での歴史教育の刷新に力を入れてきたのも、そのような現状認識によるものである。大学の歴史教員が、自分自身の個別研究を講義で紹介するだけではなく、大学という高等教育機関に見合った体系的な歴史教育を施す必要性と重要性はこれまでになく高まっている。先にも触れたように、現在、少なくない(若手)研究者が、幅広い分野を扱う講義を複数コマにわたって担当している。それ自体は、社会との関わりを意識した大学歴史教育の一環として、個別の専門的テーマの講義とは別に、通史的・体系的な歴史理解を到達目標とする講義を大学側が設けているのであれば、積極的に評価すべきだと考えられる。

ここで前景化するのが、通史的・体系的な歴史学を講じるという能力の鍛錬と、専門研究への沈潜にどう「折合い」をつけ、それらをどう両立させるのか、という問いである。成果主義そのもののもつ問題点はひとまずおくとしても、現実問題として、若手研究者たちに、自身の研究課題に沈潜する時間を犠牲にして歴史学研究全般の動向を学べと強要することはできないだろうし、それが正しい道とも思われない。より良い市民社会を実現するための大学歴史教育の充実化は、「非常勤講師がする仕事」として、教養教育科目を若手研究者に「丸投げ」し「下請け」させることによってではなく、各大学の学部・学科がもつ理念やディプロマ・ポリシーにも即した形で、組織的にめざされるべきものであろう。

そこで重要となるのが、若手研究者間のネットワークである。つまり、限られた時間のなかで、互いの欠けた部分を組織的に補うために若手研究者たちが積み重ねつつある試行錯誤と経験を活用していくことこそが必要となるわけである。専門の壁を超えたネットワークを活かして世界史や歴史学の動向を学ぼうとする歴教研の取組とは、そのための試みにほかならない。もし、これらの実践がしかるべき大学改革の方向性と適合するならば、若手研究者の活躍の場が新たに広がる可能性は十分にあるだろうし、過当な「生存競争」の緩和にもつながることが期待される。

さらに、若手研究者間でネットワークを構築し、研究動向や問題関心の共有を進めることは、個々の研究者の視野を拡大し、研究の発展にも寄与するに違いない。それは、各専門分野の枠内だけではみえてこなかった研究の可能性が、視野に入ってくることを意味する。例えば執筆者の一人である後藤は、日本史、とくに幕末政治史を研究しているが、歴教研やその他の活動を通じて獲得した他分野の研究者との連携を活用して、太平洋という空間を対象に幕末の日本を再検討するという試みを進めている〔後藤 二〇一三〕。もちろん、そのような視角のすべてが後藤のオリジナルというわけではなく、先人たちの研究成果に学んだところが大きい。だが、従来の専門分野の枠組からだけでは見出しえない研究視角・方法で若手たちが研究に取り組むことは、複数の分野にまたがる学際的交流が深まるという点でも、学界全体の活性化につながるといえよう。

このように新たな研究課題を開拓することで、これまで交わらなかった論点を横断していく視座を発見していく作業は、今後より一層、重要になっていくと思われる。かつてとは異なり、現在は研究分野の担い手が末広がりに増大していく時代ではない。西洋史学の例に即して先述したように、縮小再生産とタコツボ化の進展による研究分野の空洞化を招く危険性が、これまで以上に高まっている状況でもある。そのような現状を打開し、先学が築き上げてきた歴史学研究の良質な部分を継承するための組織的な戦略が、いま若手研究者には喫緊に求められているし、それを成し遂げるための方法を議論する場を、自覚的に構築していかねばならないのである。

おわりに

歴教研で構築されたような若手研究者のネットワークを、さらに広げていくためには、専門分野の壁だけではなく、大学間の壁もまた超えていかなければならない。これまで歴教研では、羽田正氏を研究代表者とする科研プロジェクト「ユーラシアの近代と新しい世界史叙述」による研究会(二〇〇九～一三年度)と合同で、東京と大阪の若手研究者たちの研究報告会を二回実施(二〇一二年七月・二〇一三年一月)したほか、第Ⅲ部で後述される福岡大学人文学部の史学系若手研究者たちと交流研究会を開催(二〇一四年二月)するなど[星乃監修 二〇一〇・星乃/池上監修 二〇一三]、大阪大学という一大学の枠を超えた若手研究者たちとの新たなネットワークの構築を試みてきた。

若手研究者のネットワークが効果的に機能するためにも、このような取組は継続しなければならない。しかし、大学間の交流となると、資金の問題もあり、どうしても単発のイベントに終わりやすい。そのような形で継続したとしても、例えば東京大学と大阪大学の、あるいは福岡大学と大阪大学など、二大学間の若手研究者交流会にはなっても、それ以上の広がりには発展しにくい。研究会を開催する資金の問題も含めて、若手研究者の交流の場をいかに継続していくかが今後の課題である。

以上、歴教研の活動の事例を中心に、若手研究者自身が、深刻な社会問題である若手研究者問題にいかに立ち向かうべきか、その「生存戦略」を検討してみた。これまでの検討は、おおいに理想論を含んでいる。また大学によって状況に違いがあり、歴教研に集う若手研究者の例をそのまま一般化できるわけではないという点も重々承知している。それでも、若手研究者問題を、個々人の努力の問題に帰すことなく、社会全体で考えるべき問題として真剣に取り組み、それを乗り越えていくためにも、若手研究者同士のネットワークの構築は最重要課題の一つといえよう。それは、彼ら彼女たちの「生存」だけでなく、歴史学研究の次世代を担う研究者たちの再生産を可能にすることで、学界それ自体の活性化にもつながるはずである。

◆註

1 西洋史に関していえば、二〇一二年五月に有志による西洋史若手研究者問題検討ワーキンググループが発足し、翌一三年五月にはアンケートがウェブ上で実施されるなど、若手研究者問題の実態調査と情報の共有に向けた取組が現在進められている(https://sites.google.com/site/futurehistoriansjp2012/)。

2 これらの報告の成果については、『大阪大学歴史教育研究会成果報告書』シリーズで紹介されている。同シリーズは、大阪大学の機関リポジトリ(「大阪大学学術情報庫」http://ir.library.osaka-u.ac.jp/)から閲覧することも可能である。

◆参考文献

[浅田 二〇一三] 浅田進史「歴史学のアクチュアリティと向き合う」(歴史学研究会編『歴史学のアクチュアリティ』東京大学出版会)一〇五～一二二頁

[石原 二〇一四] 石原俊「大学の〈自治〉の何を守るのか――あるいは〈自由〉の再構築にむけて」(『現代思想〈特集：大学崩壊〉』第四二巻第一四号)六八～八三頁

[井上 二〇一二] 井上浩一「西洋史学の現代的課題――あるビザンツ史研究者の選択」(『歴史科学』第二一〇号)一～一五頁

[大阪大学歴史教育研究会編 二〇一四]『市民のための世界史』大阪大学出版会

[小田中 二〇〇七] 小田中直樹『世界史の教室から』山川出版社

[川北 二〇一〇] 川北稔「「成長パラノイア」とイギリス資本主義――イギリス近代経済史研究の五〇年」(『京都産業大学

世界問題研究所紀要』第二七巻）八七～一一〇頁
［後藤 二〇〇九］ 後藤敦史「世界史教育と日本史教育――大阪大学歴史教育研究会での経験をもとに」（『歴史科学』第一九七号）一九～二四頁
［後藤 二〇一三］ 後藤敦史「一八―一九世紀の北太平洋と日本の開国」（秋田茂・桃木至朗編『グローバルヒストリーと帝国』大阪大学出版会）一八五～二一三頁
［崎山 二〇一一］ 崎山直樹「崩壊する大学と「若手研究者問題」――現状分析と展望」（『歴史学研究』第八七六号）三七～四六頁
［羽田 二〇一一］ 羽田正『新しい世界史へ――地球市民のための構想』岩波書店
［星乃監修 二〇一〇］ 星乃治彦監修／福岡大学人文学部歴史学科西洋史ゼミ編『学生が語る戦争・ジェンダー・地域』法律文化社
［星乃／池上監修 二〇一三］ 星乃治彦・池上大祐監修／福岡大学人文学部歴史学科西洋史ゼミ編『地域が語る世界史』法律文化社
［水月 二〇〇七］ 水月昭道『高学歴ワーキングプア――「フリーター生産工場」としての大学院』光文社
［向 二〇〇九］ 向正樹「歴史通信 大阪大学歴史教育研究会の活動」（『歴史科学』第一九七号）二五～三〇頁
［桃木 二〇〇九ａ］ 桃木至朗『わかる歴史・面白い歴史・役に立つ歴史――歴史学と歴史教育の再生をめざして』大阪大学出版会
［桃木 二〇〇九ｂ］ 桃木至朗「現代日本における歴史学の危機と新しい挑戦」（『歴史科学』第一九七号）一～一二頁
［桃木／大阪大学歴史教育研究会 二〇一五］ 桃木至朗・大阪大学歴史教育研究会「高大連携で取り組む歴史教育の総合的改善」（『歴史評論』第七八一号）二五～三四頁

大阪大学歴史教育研究会　活動記録

大阪大学歴史教育研究会事務局

ここでは、二〇〇五年に発足して以降の大阪大学歴史教育研究会の活動内容などを整理して紹介する。

掲載項目は以下のとおり。

(1) 月例会・特別例会のプログラム
(2) 大阪大学歴史教育研究会における院生課題のテーマ
(3) ＣＯＥ高校教員研修会プログラム
(4) 「阪大史学の挑戦２」プログラム
(5) 関連出版物
(6) ＡＡＷＨ(アジア世界史学会)歴史教育関連パネル・報告題目
(7) 共催の研究会・プロジェクト
(8) 獲得外部資金

(1)は、二〇〇五年度から一四年度までの大阪大学歴史教育研究会月例会、並びに不定期開催の特別例会のプログラムである。報告の配付資料などは本研究会のホームページ(https://sites.google.com/site/ourekikyo/)に掲載されているので、あわせて参照されたい(一部不掲載)。(2)は、大学院生の授業として大阪大学歴史教育研究会に参加する履修生に課している教科書記述の抜出しや内容比較のテーマである。大学院生への課題は、本研究会の年度ごとのテーマとも密接にかかわっているので、(1)と合わせて研究会の方針などをご理解いただけるだろう。

(3)は大阪大学歴史教育研究会の「前身」ともいえる、二十一世紀COEプログラム「インターフェイスの人文学」に基づいて二〇〇三年度~〇六年度の夏期に全四回にわたって開催された、高校教員研修会のプログラム、(4)は二〇一〇年八月に三日間にわたって開催された大会「阪大史学の挑戦2」のプログラムである。(5)は、本研究会の活動成果にかかわる出版物のリストである。このうち、成果報告書シリーズなど一部は大阪大学学術情報庫(http://ir.library.osaka-u.ac.jp/portal/)でも閲覧可能なので、そちらも参照いただきたい。

(6)は、AAWH(アジア世界史学会)において、本研究会のメンバー並びに長らく協力関係にある高校・大学の教員が中心となって組んだ歴史教育関連のパネル・報告のリストである。(7)は、本研究会との共催でおこなわれた各種研究会やプロジェクトである。ここでは正式な共催のもののみをあげたが、本研究会のメンバーは毎年のように各地の研究会に参加し、報告もおこなっている。最後の(8)は、これまでの本研究会の活動を支えてきた獲得外部資金のリストである。

なお、大阪大学歴史教育研究会の活動は、大阪大学文学研究科の日本史・東洋史・西洋史、共生文明論の大学院生やポストドクターが事務局を構成して担ってきたことを付言しておく。

（1）**月例会・特別例会**（所属・肩書きは当時）

第一回例会（二〇〇五年十一月二十六日）
桃木至朗（大阪大学文学研究科教授）「歴史の研究と教育に関する問題提起──海域アジア史を中心として」

第二回例会（二〇〇五年十二月二十六日）
竹中亨（大阪大学文学研究科教授）「近代における宗教──ドイツの事例を中心に」
笹川裕史（大阪教育大学附属高校天王寺校舎教諭）「出来事としての「ゲティスバーグ演説」」

第三回例会（二〇〇六年一月二十一日）
桃木至朗（大阪大学文学研究科教授）「高校世界史教科書の東南アジア史記述を考える」
大塚克彦（河合塾名古屋校講師）「予備校で教える東南アジア史の時代区分」

第四回例会（二〇〇六年三月十一日）
吉嶺茂樹（北海道当別高校教諭）・中村和之（函館工業高専教諭）「北方史の枠組みと歴史教育」
コメント　藤田明良（天理大学国際学部教授）

第五回例会（二〇〇六年四月二十二日）
南塚信吾（法政大学教授・世界史研究所所長）「東欧社会主義の崩壊と現代世界史」
置村公男（六甲高校教諭）「東中欧とヨーロッパ・日本──波独（ポーランド＝ドイツ）関係を中心に」

第六回例会（二〇〇六年五月六日）
秋田茂（大阪大学文学研究科教授）「グローバルヒストリーの構築とイギリス帝国史研究」
印牧定彦（京都市立堀川高校教諭）「世界システム論と高校世界史教育・探究活動と授業の二方法による試案」

第七回例会（二〇〇六年六月三日）
清水和裕（神戸大学文学部助教授）「「イスラーム世界」概念をいかに理解するか──「イスラーム世界」論の現在」
笹川裕史（大阪教育大学附属高校天王寺校舎教諭）「イ

スラーム史に関する〝ふつう〟の授業」
第八回例会(二〇〇六年七月一日)
片山剛(大阪大学文学研究科教授)「中国華南における〝漢族〟社会の成立」
毛戸祐司(京都府立田辺高校教諭)「世界史への扉を、日本史から開く」
第九回例会(二〇〇六年十月七日)
猪飼隆明(大阪大学文学研究科教授)「東アジア世界の秩序から万国公法の世界へ」
吉嶺茂樹(北海道当別高校教諭)「宗谷場所史料から見える『高校世界史』とは——捕鯨・ストーブ・コーヒー・漆・そして「髪型」」
第一〇回例会(二〇〇六年十一月四日)
堤一昭(大阪外国語大学助教授)「「中国」とはどこか?——歴史から見た地域認識」
後藤誠司(京都市立日吉ヶ丘高校教諭)「授業プラン——東アジア史の中で見る日本列島」
第一一回例会(二〇〇六年十二月二日)
菅英輝(西南女学院大学教授)「アメリカ帝国論の現状——世界秩序形成の文脈」
森才三(広島大学附属福山中学・高校教諭)「高等学校『世界史』の教材開発——アメリカニズムとアメリカ外交」
第一二回例会(二〇〇七年一月六日)
森安孝夫(大阪大学文学研究科教授)「日唐文化交流の成果より見るユーラシア世界地理と「胡」の実態」
第一三回例会(二〇〇七年三月三日)
杉藤真木子(名古屋市立緑高校教諭)「『世界史A』においてヨーロッパをどう教えるか」
山下宏明(大阪府立園芸高校教諭)「大阪府立園芸高校における世界史授業の改造——阪大歴史教育研究会笹川実践に啓発されて」
第一四回例会(二〇〇七年四月二十一日)
笹川裕史(大阪教育大学附属高校天王寺校舎教諭)「時代が見える歴史の授業——「ジャズエイジと進化論裁判」から見る二〇年代の合衆国」
第一五回例会(二〇〇七年五月二十六日)

向正樹（大阪大学文学研究科特任研究員）「唐末〜元のムスリム商人の南シナ海での活動と中国港市」
矢部正明（兵庫県立東灘高校教諭）「十六〜十八世紀東南アジア・海域世界授業試案――主体的でしたたかな実像にせまる」
第一六回例会（二〇〇七年六月十六日）
豊田裕章（大阪府立豊中養護学校教諭）「中国における都城の概念の変化と日本の宮都」
福永伸哉（大阪大学文学研究科教授）「前方後円墳成立の歴史的意義にかんする近年の研究動向」
第一七回例会（二〇〇七年七月二十一日）
皆川雅樹（専修大学附属高校専任講師）「唐滅亡前後の「東アジア」の交流と日本列島」
高橋和子（横浜市立みなと総合高校教諭）「山川詳説世界史Bの全分野を授業で教えて――マニュアル化という視点からの問題提起」
第一八回例会（二〇〇七年十月二十日）
桃木至朗（大阪大学文学研究科教授）「高校世界史の履修を前提としない教養科目を試行して」
江川温（大阪大学文学研究科教授）「〇七年度前期共通教育講義「市民のためのヨーロッパ史」について」
竹中亨（大阪大学文学研究科教授）「ヨーロッパの大学における歴史授業」
第一九回例会（二〇〇七年十一月十七日）
桃木至朗（大阪大学文学研究科教授）「東南アジア史ネタ集／Q＆Aをめざして」
第二〇回例会（二〇〇七年十二月十五日）
村岡倫（龍谷大学文学部教授）「モンゴル帝国の虚像と実像」
第二一回例会（二〇〇八年一月十九日）
秋田茂（大阪大学文学研究科教授）「三つのヘゲモニー国家とグローバルヒストリー――大阪大学共通教育「西洋史学基礎」科目での授業例」
杉本淑彦（京都大学文学研究科教授）「大学生が創った二十世紀版高等学校用教科書――私たちはこんな教科書で学びたかった！」
第二二回例会（二〇〇八年三月十五日）

大西信行(中央大学杉並高校教諭)「中央大学杉並高等学校「戦後世界」のこころみ――「世界史」「日本史」の枠組みをこえて」
栗原麻子(大阪大学文学研究科准教授)「黒いアテナと白亜のパルテノン――ギリシア文明の遺産をめぐって」

第二三回例会(二〇〇八年四月十九日)
岡本弘道(関西大学COE-PD・大阪大学ほか非常勤講師)「〝冊封体制〟と〝勘合貿易〟――日本史の呪縛を超えて」

第二四回例会(二〇〇八年五月十七日)
矢部正明(兵庫県立東灘高校教諭)「遼(契丹)・金・西夏史の高校世界史B新授業提案――全国高等学校世界史教員のアンケート分析をふまえて」
坂尻彰宏(大阪大学文学研究科助教)「帰ってきた男――敦煌文書からみた草原とオアシスのあいだ」

第二五回例会(二〇〇八年六月二十一日)
小田中直樹(東北大学経済学研究科教授)「(歴史)教育はコミュニケーションである――理屈、実践、課題」

第二六回例会(二〇〇八年七月十九日)
後藤敦史(大阪大学文学研究科博士後期課程)「和親条約は、二〇〇年以上続いた鎖国体制を崩したか――黒船来港前夜の徳川幕府の外交について」
秋田茂(大阪大学文学研究科教授)「綿業を通じた新たな世界史――イギリス産業革命と戦間期日本の工業化」

第二七回例会(二〇〇八年十月十八日)
吉嶺茂樹(札幌北高校教諭)「世界史の「授業ベース」をどう作るか?」

《大阪大学大学院生による模擬授業》
小川公子(共生文明論)・工藤駿(西洋史学)・橋村淳一(日本史学)・矢景裕子(共生文明論)「大航海時代について」

第二八回例会(二〇〇八年十一月十五日)
高井康典行(早稲田大学文学学術院・日本大学文理学部非常勤講師)「世界史の中で遼=契丹史をいかに位置づけるか――いくつかの可能性」

《大阪大学大学院生による模擬授業》
小林和夫(西洋史学)・阪本陽子(共生文明論)・柳沢菜々(日本史学)・南理恵(西洋史学)「ロシア前史」
第二九回例会(二〇〇八年十二月二十日)
飯塚一幸(大阪大学文学研究科准教授)「自由民権運動研究の現状と課題」
《大阪大学大学院生による模擬授業》
奥村茂輝(考古学)・印牧定彦(共生文明論)・中村翼(日本史学)・武韻恩(共生文明論)・宮川耕平(西洋史学)「海域アジアにおける日本人」
第三〇回例会(二〇〇九年一月十七日)
中村武司(大阪大学文学研究科特任研究員)「名声への渇望——ナポレオン戦争時代のイギリスとセント・ポール大聖堂」
堀江嘉明(京都府立加悦谷高校教諭)「第九回日本社会科教師招聘研修に参加して——韓国の学校教育・歴史教育」
コメント　西本光孝(山口県立岩国商業高校東分校教諭)

第三一回例会(二〇〇九年三月二十一日)
今野日出晴(岩手大学教育学部教授)「「東アジア史」で考える——歴史教育にわたるということ」
第三二回例会(二〇〇九年四月十八日)
吉嶺茂樹(北海道札幌北高校教諭)「北方史と世界史をつなぐために——一次史料と生活圏から考える」
石橋功(神奈川県立藤沢総合高校教諭)「日本史と世界史」
第三三回例会(二〇〇九年五月十六日)
《『世界史をどう教えるか』をどう読んだか——京都高校社会科研究会・世界史読書会の試み》
毛戸祐司(京都府立田辺高校)「京都高校社会科研究会・世界史読書会の活動報告」
《『世界史をどう教えるか』をどう読んだか》
笹川裕史(大阪教育大学附属高校天王寺校舎教諭)　第六章　ヨーロッパ中世史
印牧定彦(京都市立堀川高校教諭)　第十章　二十世紀の歴史

庄司春子（同志社高校教諭） 第三章 インド・東南アジア史

《読書会での議論をもとにした授業実践例》

後藤誠司（京都市立日吉ヶ丘高校教諭）「オゴタイ＝ハン国はなかったことを教える世界史の授業」

大橋康一（滋賀県立水口東高校教諭）「オスマン帝国は「オスマン＝トルコ」ではなかった」

第三四回例会（二〇〇九年六月二十日）

《桃木至朗『わかる歴史・面白い歴史・役に立つ歴史』合評会》

松木謙一（教育プランナー）

中村薫（芦屋女子短期大学教授）

伊藤一馬（大阪大学文学研究科博士後期課程／日本学術振興会特別研究員）

コメント 永井紀之（新居浜西高校教諭）

奥村茂輝（大阪大学文学研究科博士後期課程）「日本の古代都城研究における諸問題――飛鳥京から平安京まで」

第三五回例会（二〇〇九年七月十八日）

向正樹（大阪大学文学研究科特任研究員）「紀元前から十三世紀までのユーラシアの異文化接触を扱う教材案」

桃木至朗（大阪大学文学研究科教授）「東南アジア史から二十世紀を考える」

第三六回例会（二〇〇九年十月十七日）

金田修治（大阪府立三島高校教諭）「多民族・多文化『東南アジア』をどう教えるか――国際理解教育の視点から」

《大阪大学院生による模擬授業》

印牧定彦（共生文明論）・坂井裕太（西洋史学）・西田祐子（東洋史学）・三木正輝（東洋史学）・矢景裕子（共生文明論）「欧米列強とアジア」

第三七回例会（二〇〇九年十一月二十一日）

小宮一夫（東京大学文学部・中央大学杉並高校非常勤講師）「高校生に同時代史をどのように教えるか――中央大学杉並高校「戦後世界2」の模索」

コメント 飯塚一幸（大阪大学文学研究科准教授）・大西信行（中央大学杉並高校教諭）

《大阪大学大学院生による模擬授業》

奥村茂輝（考古学）・南理恵（西洋史学）・横田季世子（共生文明論）・吉田雪恵（西洋史学）「イスラーム原理主義とパレスチナ問題」

第三八回例会（二〇〇九年十二月十九日）

三谷博（東京大学総合文化研究科教授）「東アジア地域史に向かって――『大人のための近現代史』の経験から」

《大阪大学大学院生による模擬授業》

猪原達生（東洋史学）・大井喜代（日本史学）・小川公子（共生文明論）・金澤雄太（考古学）・茶田希恵（共生文明論）「ローマ帝国の東方交易」

第三九回例会（二〇一〇年一月十六日）

《中央ユーラシア史上の分水嶺――世界史教材のための時代区分と類型化の試み》

向正樹（大阪大学文学研究科特任研究員）「中央ユーラシアという世界――空間的考察」

伊藤一馬（大阪大学文学研究科博士後期課程／日本学術振興会特別研究員）「中央ユーラシアにおける国家の形成と展開」

入野恵理子（大阪大学文学研究科博士前期課程）「四～六世紀――北魏」

旗手瞳（大阪大学文学研究科博士前期課程）「七世紀――唐の公主二人が見たチベットと青海」

赤木崇敏（神戸市外国語大学客員研究員）「九～十世紀――敦煌王国」

コメント　笹川裕史（大阪教育大学附属高校天王寺校舎教諭）・後藤誠司（京都市立日吉ヶ丘高校教諭）

第四〇回例会（二〇一〇年三月十三日）

《日本西洋史学会第六〇回大会大シンポジウム・プレ報告会》

鶴島博和（熊本大学教育学部教授）「歴史教育の現状と課題」

第一部　高校教員による報告

吉嶺茂樹（北海道札幌北高校教諭）「世界史教育の現状と課題――現場からの報告」

西裕一郎（大分県立森高校教諭）「社会（歴史）事象を読み解く世界史授業実践」

コメント　児玉康弘（新潟大学教育学部教授）・大塚克彦（河合塾名古屋校講師）

第二部　大学教員による報告

桃木至朗（大阪大学文学研究科教授）「歴史学と歴史教育の再生をめざして――阪大史学の挑戦」

コメント　田村憲美（別府大学文学部教授）

第四一回例会（二〇一〇年四月十七日）

井口由布（立命館アジア太平洋大学アジア太平洋学部准教授）「マレーシアにおける「多民族社会」イメージの形成史――植民政策学から地域研究へ」

中村武司（大阪大学文学研究科助教）・「世界システム論を見直す」

第四二回例会（二〇一〇年五月十五日）

伊川健二（大阪大学文学研究科准教授）「十六世紀の日本と環シナ海域」

コメント　大西信行（中央大学杉並高校教諭）

《大阪大学大学院生によるグループ報告》

小野潤子（共生文明論）・高木純一（日本史学）・吉川和希（東洋史学）「最初のヘゲモニー国家――十七世紀のオランダ」

第四三回例会（二〇一〇年六月十九日）

川北稔（京都産業大学文化学部教授）「イギリスの台頭と衰退――近代世界システム上の市民革命・産業革命」

《大阪大学大学院生によるグループ報告》

高橋果江（共生文明論）・中村優希（西洋史学）・矢景裕子（共生文明論）「十九世紀イギリスのヘゲモニー」

第四四回例会（二〇一〇年七月十七日）

中野耕太郎（大阪大学文学研究科准教授）「『アメリカ史』叙述のグローバル化――変わりゆく『アメリカ史概説』」

《大阪大学大学院生によるグループ報告》

金辰姫（西洋史学）・齊藤若菜（共生文明論）・坂東亜美（共生文明論）「二十世紀アメリカのヘゲモニー」

第四五回例会（二〇一〇年十月十六日）

早瀬晋三（大阪市立大学文学研究科教授）「二つの世界大戦、東西さまざまな世界史認識」

堤一昭（大阪大学文学研究科准教授）・向正樹・森本慶太・後藤敦史（大阪大学文学研究科特任研究員）『阪大史学の挑戦2』をふりかえる」
コメント　中村薫（芦屋女子短期大学教授）・佃至啓（金蘭千里高校・中学校講師）
第四六回例会（二〇一〇年十一月二十日）
後藤敦史（大阪大学文学研究科特任研究員）「ペリーとハリスの間」
冨田暁（大阪大学文学研究科博士後期課程）「オランダ国立公文書館とオランダ東インド会社史料」
内野花（大阪大学CSCD特任講師）「江戸時代における日本産科学の開花」
第四七回例会（二〇一〇年十二月十八日）
山内晋次（神戸女子大学文学部准教授）「硫黄流通からみた海域アジア史――日本史と世界史をつなぐ」
大橋康一（滋賀県立水口東高校教諭）「『世界史読本』という試み」
第四八回例会（二〇一一年一月十五日）
横井成行（海城中学・高校教諭）「『歴史総合』の試みと課題――東京・海城高校社会科の取り組み」
中村武司（大阪大学文学研究科助教）「グローバルな革命の時代をめぐるメタヒストリー」
特別例会（二〇一一年二月十二日～十三日）
(1)基調報告
堤一昭（大阪大学文学研究科准教授）「大阪大学歴史教育研究会――平成二十年度～二十二年度の三年間をふりかえって」
桃木至朗（大阪大学CSCD・文学研究科教授）「大学教養教育でめざすべき世界史像について」
(2)金井雄一ほか（編）『世界経済の歴史――グローバル経済史入門』読書会
第四九回例会（二〇一一年三月十九日）
市大樹（大阪大学文学研究科准教授）「日本律令国家の建設と藤原京」
松永和浩（大阪大学総合学術博物館助教）「室町幕府権力の確立をめぐって」
第五〇回例会（二〇一一年四月十六日）
桃木至朗（大阪大学CSCD・文学研究科教授）「大阪

大学歴史教育研究会二〇一一年度の方針」
大橋厚子（名古屋大学国際開発研究科教授）「植民地支配についての研究と教育をめぐる近年の問題——強制栽培制度を事例として」
中村薫（芦屋大学特任教授）「日本学術会議による地理歴史科での科目改革案について——高校教員へのアンケート調査より」

第五一回例会（二〇一一年五月二十一日）
桃木至朗（大阪大学CSCD・文学研究科教授）「日本列島を含む東アジア海域史の枠組みの整理」
コメント 岡本弘道（関西大学非常勤講師）「せめぎ合う関係性——「冊封」「朝貢」「互市」の理念と現実」

第五二回例会（二〇一一年六月十八日）
小林克則（NPO法人神奈川歴史教育研究会理事／専修大学非常勤講師）「世界史の基礎教養とは何か——教職科目の「外国史」を担当して」
向正樹（大阪大学非常勤講師）「詳しく学ぶ世界史教材の作成——モンゴル時代の世界の一体化と交易ネットワーク」「中央ユーラシア用語リスト改訂版の提示」

第五三回例会（二〇一一年七月十六日）
桃木至朗（大阪大学CSCD・文学研究科教授）「高校・大学歴史教員の養成に必要な授業を考える——「史学概論」を中心として」
堤一昭（大阪大学文学研究科准教授）「『世界史』教科書中の中国史——三十年間の変化を見る試み」

第五四回例会（二〇一一年十月十五日）
桃木至朗（大阪大学CSCD・文学研究科教授）「気候変動の世界史を学ぶ——できごと・原因・研究方法」
山下宏明（大阪府立園芸高校教諭）「災害と戦争から見つめ直す高校日本史の試み——東日本大震災を受けとめる歴史授業とは」

第五五回例会（二〇一一年十一月十九日）
中村征樹（大阪大学文学研究科准教授）「科学技術史から読み解く世界史」

《大阪大学大学院生によるグループ報告》

坂倉美早紀（共生文明論）・福島邦久（西洋史学）・李希泉（日本史学）「暦からみる世界史――社会との関わりをとおして」
第五六回例会（二〇一一年十二月十七日）
内野花（大阪大学CSCD特任講師）「臓器と表象の医学史」
《大阪大学大学院生によるグループ報告》
甲斐田純（共生文明論）・多賀良寛（東洋史学）・宗村敦子（西洋史学）「身体観の東西――伝統的身体観とその変容」
第五七回例会（二〇一二年一月二十一日）
飯島渉（青山学院大学文学部教授）「コロンビアン・イクスチェンジの環境史への含意」
《大阪大学大学院生によるグループ報告》
荒木陸（東洋史学）・鉄本麻由子（共生文明論）・藤田弘晃（西洋史学）・渡部玲子（共生文明論）「歴史人口学からみた日本の歩み」
第五八回例会（二〇一二年三月三十日）
荒川正晴（大阪大学文学研究科教授）・中村薫（奈良教育大学特任准教授）「大学教養課程での世界史教育についての調査報告――国公立大学へのアンケートおよびシラバスからの検索」
大木匡尚（東京都立永山高校教諭）「地理歴史統合科目としての東京都設定科目「江戸から東京へ」の構成論とその実践――生徒の「日常知」を媒介とした歴史教育の可能性を探る」
特別例会（二〇一二年四月七日）
《羽田正『新しい世界史へ』合評会》
中村武司（弘前大学人文学部講師）
中尾恭三（大阪大学文学研究科特任研究員）
後藤敦史（日本学術振興会特別研究員PD）
伊藤一馬（大阪大学文学研究科博士後期課程）
羽田正（東京大学東洋文化研究所所長・教授）「『新しい世界史へ』の運動」
第五九回例会（二〇一二年四月二十一日）
桃木至朗（大阪大学CSCD・文学研究科教授）「大阪大学歴史教育研究会二〇一二年度の方針について」

三成美保（奈良女子大学教授）「高校世界史教科書におけるジェンダー」
第六〇回例会（二〇一二年五月十九日）
鍵谷寛佑（大阪大学文学研究科特任研究員）「世界史に見る家族・親族・婚姻」
コメント　櫻田涼子（京都大学ＧＣＯＥ研究員）
第六一回例会（二〇一二年六月十六日）
桃木至朗（大阪大学ＣＳＣＤ・文学研究科教授）「王権とジェンダー――東・東南アジアを中心に」
コメント　京樂真帆子（滋賀県立大学人間文化学部教授）・宇田川妙子（国立民族学博物館准教授）
第六二回例会（二〇一二年七月二十一日）
猪原達生（大阪大学文学研究科博士後期課程／日本学術振興会特別研究員）「中国・朝鮮のジェンダー――近世の宗族と女性を中心に」
コメント　青木敦（青山学院大学文学部教授）・豊島悠果（神田外語大学講師）
第六三回例会（二〇一二年十月二十日）
桃木至朗（大阪大学ＣＳＣＤ・文学研究科教授）「教科書にも反映されている新しい文化史の諸視角」
「宗教史を理解する三つのポイント」
コメント　井上智勝（埼玉大学教養学部准教授）
第六四回例会（二〇一二年十一月十七日）
杉本淑彦（京都大学文学研究科教授）「国民意識と文化――文化遺産は誰のもの？」
《大阪大学大学院生によるグループ報告》
尾崎真理（日本史学）・小田歩（人間科学研究科生涯教育学）・眞嶋宣明（東洋史学）「文化の成り立ちと政治権力の関係――十八～十九世紀の近代国家形成期を中心に」
第六五回例会（二〇一二年十二月十五日）
若松宏英（大阪府立泉北高校教諭）「現代史としての大阪万博」
《大阪大学大学院生によるグループ報告》
糸川風太（日本史学）・小林卓磨（共生文明論）・鉄本麻由子（共生文明論）・福島彰人（日本史学）「東アジアの宗教――近世・近代を中心に」
第六六回例会（二〇一三年一月十九日）

永岡崇（甲南大学ほか非常勤講師／国際日本文化研究センター共同研究員）「物語としての歴史に耐えるということ――言語論的転回をふまえて」
鍵谷寛佑（大阪大学文学研究科特任研究員）「歴史の中のスポーツ――近代スポーツの先駆け、競馬」
特別例会（二〇一三年二月九日）
《與那覇潤『中国化する日本』合評会――「中国史の視点から」》
伊藤一馬（大阪大学文学研究科博士後期課程）
向正樹（大阪大学文学研究科招へい研究員）
田口宏二朗（大阪大学文学研究科准教授）
杉山清彦（東京大学総合文化研究科准教授）
特別例会（二〇一三年三月二日）
《與那覇潤『中国化する日本』合評会――「日本史・歴史教育の視点から」》
高木純一（大阪大学文学研究科博士後期課程／日本学術振興会特別研究員）
後藤敦史（日本学術振興会特別研究員ＰＤ）
久保田裕次（大阪大学文学研究科特任研究員／博士後期課程）
後藤誠司（京都市立日吉ヶ丘高校教諭）
第六七回例会（二〇一三年三月十六日）
向正樹（大阪大学文学研究科招へい研究員）「最後の秘境？　オセアニア史から入る世界史授業の試み」
岡田雅志（大阪大学文学研究科特任研究員）「世界史教育における空間認識の現状と課題――高校世界史教科書所載の地図の検討から」
第六八回例会（二〇一三年四月二十日）
桃木至朗（大阪大学文学研究科教授）「大阪大学歴史教育研究会二〇一三年度の方針について――教科書作成を中心として」
藤川隆男（大阪大学文学研究科教授）「「歴史の家」における『アニメで読む世界史』」
第六九回例会（二〇一三年五月十八日）
伊藤一馬（甲南大学・四天王寺大学非常勤講師）「大学教養科目における「中国通史」の試み」
皆川雅樹（専修大学附属高校教諭）「「歴史的思考力」とアクティブラーニング――高校日本史の授業実

践から考えていること」

第七〇回例会（二〇一三年六月十五日）

《「市民のための世界史」教科書の執筆構想》

(1)古代・中世　荒川正晴（大阪大学文学研究科教授）

(2)近世　桃木至朗（大阪大学文学研究科教授）

第七一回例会（二〇一三年七月二十日）

《「市民のための世界史」教科書の執筆構想》

(1)ヨーロッパの古代・中世　栗原麻子（大阪大学文学研究科准教授）

(2)アジアの近現代　桃木至朗（大阪大学文学研究科教授）

第七二回例会（二〇一三年十月十九日）

《「市民のための世界史」教科書の執筆構想》

(1)近世以降のヨーロッパ・アメリカと世界史　秋田茂（大阪大学文学研究科教授）

(2)「市民のための世界史」序章と終章　桃木至朗（大阪大学文学研究科教授）

第七三回例会（二〇一三年十一月十六日）

鈴木宏節（大阪大学・三重大学非常勤講師）「突厥文字から見た世界史」

武内康則（日本学術振興会特別研究員ＰＤ）「契丹文字から見た世界史」

第七四回例会（二〇一三年十二月二十一日）

吉嶺茂樹（北海道有朋高校教諭）「北海道の公立通信制高校でできること――歴史基礎は、必修だから、通信制でも履修するのです」

《大阪大学大学院生によるグループ報告》

蒲谷和敏（日本史学）・高岡萌（日本史学）・郭淏寧（東洋史学）・松村悠也（西洋史学）・山田耕一郎（西洋史学）「「国語」形成の比較史――スペインと中国を事例に」

第七五回例会（二〇一四年一月十八日）

《大阪大学大学院生によるグループ報告》

今井貴之（日本史学）・清水香穂（日本史学）・福村一弥（日本史学）・岡田陽平（東洋史学）・西山真吾（西洋史学）「外交における「翻訳」――日本史を世界史から見直す」

川口敬義（日本史学）・永山愛（日本史学）・遠藤総史

（東洋史学）・村上広大（西洋史学）・渋谷武弘（共生文明論）「地名変遷にみる文字・言語」
特別例会（二〇一四年二月一日）
セッション1　福岡大学人文学部歴史学科
池上大祐（福岡大学ポスト・ドクター）・有村奈津希（福岡大学博士課程後期）・玉利尚子（同博士課程前期）・野田真衣（同博士課程後期）・今井宏昌（東京大学博士後期課程／日本学術振興会特別研究員）「「学生報告」という挑戦――『地域が語る世界史』を中心として」
セッション2　大阪大学歴史教育研究会
後藤敦史（大阪観光大学専任講師）「世界史と日本史を「つなぐ」――太平洋と紀伊半島」
矢景裕子（兵庫県立氷上高校教諭）「歴教研出身の高校教師として――歴史学と歴史教育をむすぶ」
セッション3　座談会「地域に生きる世界史」
第七六回例会（二〇一四年三月十五日）
山﨑典子（東京大学総合文化研究科博士課程／日本学術振興会特別研究員）「マイノリティから見た世界史――近代中国ムスリムのアイデンティティ探求」
コメント　長縄宣博（北海道大学スラブ研究センター准教授）
牛嶋秀政（熊本県立済々黌高校教諭）「歴史教育実践報告　像を結ぶ世界史の授業の試み」
第七七回例会（二〇一四年四月十九日）
秋田茂（大阪大学文学研究科教授）・荒川正晴（同教授）・栗原麻子（同准教授）・坂尻彰宏（大阪大学全学推進機構准教授）・桃木至朗（大阪大学文学研究科教授）・伊藤一馬（同特任研究員）「教科書『市民のための世界史』の内容と特色」
大阪大学歴史教育研究会事務局「大阪大学歴史教育研究会二〇一四年度の方針について」
第七八回例会（二〇一四年五月十七日）
《大阪大学歴史教育研究会から中高教育現場へ》
藤田弘晃（奈良県立奈良高校教諭）・小田歩（大阪府立渋谷高校教諭）・工藤駿（智学館中等教育学校教諭）・佐藤靖子（同志社国際高校教諭）
第七九回例会（二〇一四年六月二十一日）

佐藤正幸（山梨県立大学特任教授）「日本型歴史文化における歴史教育の位置」
小浜正子（日本大学文理学部教授）「ジェンダー視点を踏まえた歴史教育――『歴史を読み替える――ジェンダーから見た世界史』を刊行して」
第八〇回例会（二〇一四年七月十九日）
《史学会共催シンポジウム「高大連携による大学歴史系専門教育・教員養成教育の刷新」（二〇一四年九月十四日開催）プレ報告会》
第八一回例会（二〇一四年十月十八日）
南雲泰輔（山口大学人文学部講師）「異質なものとしての古代・中世地中海世界――『古代文化』特輯「西洋古代史の語り方――現代日本社会のために」のその後と補足」
岸本廣大（日本学術振興会特別研究員PD）「未来へと変化する「今」における西洋古代史の意義」
コメント　栗原麻子（大阪大学文学研究科准教授）
第八二回例会（二〇一四年十一月十五日）
中村薫（大阪大学招へい教員）「高等学校歴史教育研究会のアンケート調査の経緯と意味について」
久保田裕次（日本学術振興会特別研究員PD）「武漢・長江流域・南進――近代日中関係史の再検討のために」
第八三回例会（二〇一四年十二月二十日）
《大阪大学大学院生によるグループ報告》
大上幹広（日本史学）・邨宇浩（東洋史学）・下岸廉（東洋史学）・檜垣翔（西洋史学）・山崎達哉（共生文明論）「十六～十七世紀の東アジア世界と軍事商業政権――織豊政権を中心に」
釜谷周子（日本史学）・小林基（人文地理学）・中井勇人（東洋史学）・濱田恭幸（日本史学）・柳侑子（国際公共政策研究科）「第一次世界大戦と日本の植民地――帝国日本総力戦体制への道のり」
油井大三郎（東京女子大学現代文化学部教授）「高等学校の歴史教育改革――今後の課題」
第八四回例会（二〇一五年一月十七日）
猪原達生（大阪大学文学研究科博士後期課程／日本学術振興会特別研究員）「宦官研究の現在・過去・未来

――中国の事例を中心に」
中村翼（大阪大学文学研究科助教）「東アジア海域交流史と日本史のあいだ――日本史上の「中世」を中心に」
第八五回例会（二〇一五年三月十四日）
《『市民のための世界史』合評会》
佐藤正幸（山梨県立大学特任教授）「英文書評を書くことで見えてきた日本型世界史教育の特徴」
中村征樹（大阪大学全学教育推進機構准教授）「科学技術と社会の視点から考える世界史教育」
川島啓一（同志社中学校・高校教諭）「『市民のための世界史』を高校世界史の授業に導入して――生徒の反応とこれからの課題」
《執筆者からの応答、大学での授業実践報告》

(2) 大阪大学歴史教育研究会における院生課題のテーマ

科学技術／環境／ジェンダー関連記述（二〇一一年度）
高校世界史教科書における地図の抜き出し（二〇一二年度）
文字・言語関連記述（二〇一三年度）
『市民のための世界史』日本関連記述抜き出しと高校教科書との比較（二〇一四年度）

(3) COE高校教員研修会プログラム　（所属・肩書きは当時）

全国高等学校世界史教員研修会（二〇〇三年八月五日～七日）
桃木至朗（大阪大学文学研究科教授）「現代世界と新しい歴史学」

森安孝夫（大阪大学文学研究科教授）「世界史上における中央ユーラシアの意義――早すぎた征服王朝としての安史の乱」
川北稔（大阪大学文学研究科教授）「ヨーロッパとアジア――近代世界史のパースペクティヴ」
桃木至朗（大阪大学文学研究科教授）「東南アジア史の枠組みを教える方法」
山内晋次（大阪大学文学研究科特任助手）「遣唐使途絶後の日本とアジア――九～十三世紀のヒト・モノの交流」
杉山清彦（大阪大学文学研究科助手）清帝国と海域アジア・内陸アジア――世界史上の十六～十八世紀」
荒川正晴（大阪大学文学研究科教授）「シルクロード上のソグド人」
白須浄眞（立志館大学講師）「新しい世界史教育の創造を目指して」
第二回全国高等学校歴史教員研修会（二〇〇四年八月九日～十一日）

平雅行（大阪大学文学研究科教授）「中世日本の三国世界観と神国思想――天竺・震旦・本朝」
桃木至朗（大阪大学文学研究科教授）「東南アジアにおける外来文明や「世界」との向き合い方――日本史との比較」
森安孝夫（大阪大学文学研究科教授）「中央ユーラシア史から見たアジア史・日本史」
山内晋次（大阪大学文学研究科特任助手）「中世日本列島と海域世界」
岡本弘道（大阪樟蔭女子大学非常勤講師）「琉球王国と東アジア国際秩序」
杉山清彦（大阪大学文学研究科助手）「近世東北アジアと日本列島」
秋田茂（大阪大学文学研究科教授）「世界システム・アジア交易圏と近代日本」
第三回全国高等学校歴史教育研究会（二〇〇五年八月九日～十一日）
秋田茂（大阪大学文学研究科教授）「世界システムから見た二十世紀史の全体像」

武田佐知子（大阪外国語大学教授）「家族・女性・ジェンダー――日本古代を中心に」
冨山一郎（大阪大学文学研究科助教授）「歴史と記憶――自称する歴史」
桃木至朗（大阪大学文学研究科教授）「新しい時代区分論」
第四回全国歴史教育研究会（二〇〇六年八月一日〜三日）
森安孝夫（大阪大学文学研究科教授）「世界史上のシルクロードと唐帝国」

平雅行（大阪大学文学研究科教授）「鎌倉新仏教論はなぜ破綻したか」
秋田茂（大阪大学文学研究科教授）「一九三〇〜五〇年代アジア国際秩序とイギリス帝国――グローバルヒストリーの視点から」
桃木至朗（大阪大学文学研究科教授）「東南アジア史誤解と正解」
笹川裕史（大阪教育大学附属高校天王寺校舎教諭）「生徒が参加する世界史授業をめざして」

(4) 「阪大史学の挑戦2」プログラム （所属・肩書きは当時）

大阪大学歴史教育研究会大会「阪大史学の挑戦2」（二〇一〇年八月九〜十一日、大阪大学中之島センター）
第一部　近世世界におけるヨーロッパとアジア――ウォーラーステインを超えて
秋田茂（大阪大学文学研究科教授）「グローバル・ヒストリー研究におけるヨーロッパ中心史観・パラダイム克服の試み――アジア・大阪からの視点」

玉木俊明（京都産業大学経済学部教授）「近代ヨーロッパの誕生――オランダからイギリスへ」
島田竜登（西南学院大学経済学部准教授）「近世アジアと東オランダ会社」
中村武司（大阪大学文学研究科助教）・森本慶太（大阪大学文学研究科博士後期課程／特任研究員）・中村薫（芦屋女子短期大学教授）「高校世界史授業で使え

るグローバル・ヒストリー関連用語」

第二部　中央ユーラシア史の枠組みの理解に向けて——スキタイ・匈奴からムガル・清帝国までの国家の基本構造とシルクロードの展開

森安孝夫（大阪大学文学研究科教授）「シルクロード成立後の北の遊牧国家、南の拓跋王朝、まとめた中央ユーラシア型国家」

堤一昭（大阪大学文学研究科准教授）「モンゴル帝国の基本構造——チンギス・カンからクビライ・カアンへ」

杉山清彦（駒澤大学文学部准教授）「中央ユーラシアの「近世」——ポスト＝モンゴル時代から〝帝国の時代〟へ」

松井太（弘前大学人文学部教授）「内陸アジア出土資料からみたモンゴル時代のユーラシア交流」

高橋文治（大阪大学文学研究科教授）「漢語文献が語るモンゴル支配」

入野恵理子（大阪大学文学研究科博士前期課程）「北魏のバイリンガル性——史料に見える「鮮卑語」」

齊藤茂雄（大阪大学文学研究科博士後期課程）・旗手瞳（大阪大学文学研究科博士前期課程）「突厥碑文と唐蕃会盟碑の歴史的重要性」

赤木崇敏（神戸市外国語大学客員研究員）「壁画と古文書から見た敦煌オアシス社会の実態」

森安孝夫（大阪大学文学研究科）「ソグドからウイグルへ——シルクロード東部の手紙文書」

堀直（甲南大学名誉教授）「トルキスタンのイスラム化の過程」

向正樹（大阪大学文学研究科特任研究員）・矢部正明（関西大学中等部・高等部教諭）・後藤誠司（京都市立日吉ヶ丘高校教諭）・伊藤一馬（大阪大学文学研究科博士後期課程／日本学術振興会特別研究員）「中央ユーラシア史関係用語リストの提示」

第三部　地域史からみる世界史、世界史からみる地域史

中村和之（函館工業高専教授）「アイヌ史と北東アジア史」

吉嶺茂樹（北海道札幌北高校教諭）「宗谷場所から世界史を考える」

吉満庄司（鹿児島県総合教育センター研究主事）「世界史の中の明治維新――幕末薩摩藩の対外政策を中心に」

笹川裕史（大阪教育大学附属高校天王寺校舎教諭）「綿業にみる日本とイギリスの工業化――大阪になれなかったマンチェスター」

福本淳（栄光学園中学・高校教諭）「機械文明とキリスト教の世界席巻の終点としての神奈川県」

(5) 関連出版物

森安孝夫（責任編集）・坂尻彰宏（編）『シルクロードと世界史』（大阪大学二十一世紀ＣＯＥプログラム「インターフェイスの人文学」二〇〇二・二〇〇三年度報告書　第三巻）大阪大学文学研究科、二〇〇三年十二月

桃木至朗（責任編集）・佐藤貴保（編）『世界システムと海域アジア交通』（大阪大学二十一世紀ＣＯＥプログラム「インターフェイスの人文学」研究報告書二〇〇四～二〇〇六　第四巻）大阪大学文学研究科、二〇〇七年一月

『最新の研究成果を歴史教育につなぐ教材・教授資料の研究開発　成果報告書シリーズ』一、二〇〇九年四月

『最新の研究成果を歴史教育につなぐ教材・教授資料の研究開発　成果報告書シリーズ』二、二〇一〇年九月

『最新の研究成果を歴史教育につなぐ教材・教授資料の研究開発　成果報告書シリーズ』三、二〇一〇年九月

『最新の研究成果を歴史教育につなぐ教材・教授資料の研究開発　成果報告書シリーズ』四、二〇一一年二月

『大阪大学歴史教育研究会　成果報告書シリーズ』五（阪大史学の挑戦２）、二〇一一年十一月

『大阪大学歴史教育研究会　成果報告書シリーズ』六、二〇一二年三月

『大阪大学歴史教育研究会　成果報告書シリーズ』七、二〇一二年六月

『大阪大学歴史教育研究会　成果報告書シリーズ』八（第二回ＡＡＷＨ〈アジア世界史学会〉報告集）（*Osaka University Research Project of History Education Working Paper Series No. 8: Papers presented at the Second AAWH〈Asian Association of World Historians〉*）、二〇一二年十二月

『大阪大学歴史教育研究会　成果報告書シリーズ』九、二〇一三年七月

『大阪大学歴史教育研究会　成果報告書シリーズ』一〇、二〇一四年三月

『大阪大学歴史教育研究会　成果報告書シリーズ』一一、二〇一五年三月

Education and World History: A Comparative Perspective («Global History and Maritime Asia» Working Paper No. 14), Osaka University, 2009.

懐徳堂記念会（編）『世界史を書き直す　日本史を書き直す――阪大史学の挑戦』（懐徳堂ライブラリー8）和泉書院、二〇〇八年六月

秋田茂・桃木至朗（編）『歴史学のフロンティア――地域から問い直す国民国家史観』（阪大リーブル8）大阪大学出版会、二〇〇八年十月

桃木至朗『わかる歴史・面白い歴史・役に立つ歴史――歴史学と歴史教育の再生をめざして』（阪大リーブル13）大阪大学出版会、二〇〇九年四月

秋田茂・桃木至朗（編）『グローバルヒストリーと帝国』（阪大リーブル44）大阪大学出版会、二〇一三年三月

大阪大学歴史教育研究会（編）『市民のための世界史』大阪大学出版会、二〇一四年四月

(6)　ＡＡＷＨ（アジア世界史学会）歴史教育関連パネル・報告題目　（所属・肩書きは当時）

第一回ＡＡＷＨ（二〇〇九年五月二十九日〜三十一日、大阪大学中之島センター）

Teaching the Meiji Restoration in the context of World History: Practices in High Schools

Osamu SAWANO (Kanagawa Prefectural Kawasaki Technical High School), “The Meiji Restoration and the global world”

Noboru SUGIYAMA (Zushi-Kaisei High School), “The Meiji Restoration and the Asian countries”

Shouichi KODAMA (Kanagawa Prefectural Kamitsuruma High School), “The Meiji Restoration? internal politics and international relations”

Education and World History: A Comparative Perspective

Shiro MOMOKI (Osaka University), “Revitalizing Historical Research and Education: A Challenge from Osaka”

Isao ISHIBASHI (Kanagawa Prefectural Fujisawasogo High School), “Crisis facing the world history at Japanese high school”

Biao YANG (East China Normal University), “Teaching World History in China: Patterns in Changing”

Kazuhiko KONDO (University of Tokyo), “Globalizations since the sixteenth century”

Shigeki YOSHIMINE (Hokkaido Sapporo Kita High School), “Japanese ‘Northern History’ and World History in the High School Education: Commodities and Everyday Life in the Okhotsk Coastal Areas in the 1850s”

Meung-Hoan NOH (Hankuk University of Foreign Studies), “The Necessity of Education on Korean History as an International History in Korea: Centered on the theme of the mutual Impacts and Comparative Aspects between Korea and Germany under the influence of the foreign policy of the USA from 1945 to 1990"

第二回AAWH（二〇一二年四月二十七日〜二十九日、ソウル・梨花女子大学）

How to Design World History Learning/Teaching in the Era of Globalization, ICT, and Post Modernism

Minkyu KIM（Northeast Asian History Foundation）, "The 'East Asian History' Course in South Korean High Schools: Historical Background, Purpose and Content"

Atsuko OHASHI（Nagoya University）, "From Comparative History toward World History: Through an International Projects for Producing E-learning Contents"

Quang Ngoc NGUYEN（Vietnam National University）, "The Compilation of the Textbook of Vietnam History in Vietnam National University, Hanoi, the first Decade of the 21st Century"

Kristine DENNEHY（California State University Fullerton）, "Moving beyond 'the West and the Rest'"

Teaching Asian History in the 19th Century: Practices in High Schools in Japan

Osamu SAWANO（Kanagawa Prefectural Daishi High School）/Isao ISHIBASHI（Kanagawa Prefectural Fujisawa Sohgoh High School）, "How to Teach Asian History in the 19th Century: The emerging problems"

Seiji GOTO（Hiyoshigaoka High School）, "Changes in International Relations in 19th Century East Asia: Conflict between tradition and modernity"

Motoshige KANDA（Kamakura Gakuen High School）, "South Asia in the 19th Century: Western Impacts and Their Influences"

Yasuto SHIBA(Toin Gakuen High School), "West Asia in the 19th Century: An Attempt to Overcome the Orientalism"

Hiroshi SASAGAWA（Tennoji Senior High School Attached to Osaka Kyoiku University）, "Manchester

Never Imitated Osaka: Similarities and Differences of Cotton Industry between Japan and England"

Comparative Examinations of Approaches for Teaching Maritime Asian History: Focusing on Maritime Regions

Kazuyuki NAKAMURA (Hakodate National College of Technology), "The Ainu in the Mongol Period and on the Sea"

Nobuyuki ONISHI (Chuo University Suginami High School), "'East Asia' and the 'Investiture System' in Japanese History Teaching"

Hiromichi OKAMOTO (Osaka University), "The Ryukyu Islands in the Protohistoric Era and the Teaching of Maritime Asian History"

Jinhong ZHANG (Fujian Normal University), "Fukien and the Maritime Asian History: An Approach of Missiology"

第三回ＡＡＷＨ(二〇一五年五月二十九日〜三十一日、シンガポール・南洋理工大学)

Teaching Asian History to Students and Teachers within New Frameworks of Subjects and Curriculums

Kristine DENNEHY (California State University Fullerton), "Aligning Asian History with California State Standards and the Common Core"

Minkyu KIM (Northeast Asian History Foundation), "Retrospect and Prospect of 'East Asian History' in South Korean High Schools"

Shiro MOMOKI (Osaka University), "How to teach world history in Japan, in which Asia is well positioned and Japan is fully incorporated"

Teaching Migration History to High School Students: Problems and Practices in Japan

Shinji YAMAUCHI (Kobe Women's University), "Export of Japanese Sulfur and World History from the 11th to the 16th Centuries"

Masanobu SATO (Yokosuka-Otsu High School, Kanagawa), "*Mazu* (媽祖) came to Japan: Tracing the Voyage of Goddess in the Edo Era"

Jun FUKUMOTO(Eiko Gakuen Junior and Senior High School), "The Formation and Transition of the Chinatown at Yokohama"

How to Teach/Learn Asian History: new perspectives, approaches, and "active learning", Practices in High Schools in Japan

Masaki MINAGAWA (Senshu University Senior High School), "Practice of Active Learning in Japanese History Class at High school"

Keiichi KAWASHIMA(Doshisha High School), "A New Style of Teaching/Learning for Ancient and Medieval Southeast Asian History in the Theme of Migration in Asia: Based on the Newly Edited Historical Document Sources"

Hiroshi SASAGAWA (Tennoji Senior High School Attached to Osaka Kyoiku University), "August 15, 1945: the Date of the End of World War II"

(7) 共催の研究会・プロジェクト

神奈川県社会科部会歴史分科会・大阪大学歴史教育研究会による高大連携の試み「東アジア・東南アジア世界をどう教えるか」(二〇〇七年八月一日～二日)

北海道高等学校世界史研究会　第四十回大会記念シンポジウム「高校生に教える『二十世紀』とは?」(二〇〇九年八月七日、北海道大学)

「日本と世界が出会うまち・堺　二〇一三」プロジェクト

「日本と世界が出会うまち・堺　二〇一三」教育セミナー(二〇一三年八月十一日、堺市立文化会館)

シンポジウム(二〇一三年十月六日、堺市博物館)

「日本と世界が出会うまち・堺　二〇一四」プロジェクト

研究発表・講演会(二〇一四年九月十五日、サンスク

エア堺ホール）

(8) 獲得外部資金

平成十四〜十八年度二十一世紀ＣＯＥプログラム「インターフェイスの人文学」（大阪大学文学研究科）

平成十七〜十八年度文部科学省「魅力ある大学院教育イニシアティブ」（大阪大学文学研究科）

平成十九年度大阪大学文学研究科共同研究「新しい歴史学と歴史教育を統合する解説・教材開発」（代表　桃木至朗）

平成二十〜二十二年度科学研究費補助金　基盤研究（Ｂ）「最新の研究成果を歴史教育につなぐ教材・教授資料の研究開発」（代表　堤一昭）

平成二十三〜二十五年度科学研究費補助金　基盤研究（Ａ）「最新の研究成果にもとづく大学教養課程用世界史教科書の作成」（代表　桃木至朗）

平成二十六〜二十九年度科学研究費補助金　基盤研究（Ａ）「研究者・教員・市民のための新しい歴史学入門」（代表　桃木至朗）

第Ⅱ部　大学・学界から考える

歴史教育のジェンダー主流化へ向けて

――日本学術会議ジェンダー史分科会などの取組から

小浜　正子

はじめに――ジェンダー主流化とは何か

本章の課題は、歴史教育におけるジェンダー主流化の意義と必要性を、日本学術会議史学委員会ジェンダー史分科会などの取組を紹介しつつ論じることである。

日本でも、「ジェンダー」という言葉が、人口に膾炙《かいしゃ》するようになって久しい。しかしいまだに「ジェンダー」というと女性の問題を取り上げることだ(それはもちろん重要なことだ)とのみ考える人は少なくないし、昨今の日本社会では「ジェンダーフリー」とは男女一緒に着替えさせることだと吹聴《ふいちょう》する者さえあとを絶たない(ちなみに「ジェンダーフリー」とは性別に束縛されずに生きられる社会をめざすこと)。「ジェンダー主流化」などというと、女を中心にして男を隅に追いやることだと反射的に思われてしまいそうだ。

しかし「ジェンダー」とは、女性の問題のみに留まらない知のパラダイム全般を問い直し転換させていこうという概念である。もとは文法上の性を意味していた「ジェンダー(gender)」という語が生物学的な性別(sex)に対して、社会的・文化的な性別という意味で使われるようになったのは、性別が文化構築的なものであるということが広く認識されたことによる。さらに考察を深めたジョーン・スコットがジェンダーを「身体的差異に意味を付与する知」と定義したのは一九八〇年代のことだった〔スコット 二〇〇四〕。その後これは国際社会の常識となり、国連もこれに倣って「ジェンダーは、生物学的性差に付与される社会的な意味と定義される」としている(国連「開発と女性の役割に関する世界調査報告書」一九九九年)。つまり、ヒトがいかにして社会的な「人」として認識されるか、にかかわるのがジェンダーである。「人」はみな性別をもつものとされているが、それを意味づけるのは社会であり、その意味づけは地域や時代や階層によって変化するのである。「ジェンダー主流化」とは、そのようなジェンダーに注意する視点を主流化(一般化)することにより、法律や政策から日常生活での振舞い方にいたるあらゆる領域やレベルでの活動が、男性や女性などの性別によってどう異なった影響を与えるかに、つねに留意していこうとする考え方なのである。それは、例えばこれまでの日本社会の言説に一般的だった、「人」とは「健康な日本人で、異性愛者として家庭を築き、妻子を養う正社員男性」であることを暗黙の前提として、女性や、結婚していない男女や、正規の職をもたない者や、性的少数者《セクシャル・マイノリティーズ》や、外国人や、障がい者を排除し、社会の周縁におくような構造が、どのようにつくりだされたかを理解していくことにつながる。

現代の世界において、日本社会はジェンダーによる男女の格差が大変大きい社会として特徴づけられる。世界経済フォーラム(WEF)が男女平等の度合いを国別で指数化した「ジェンダー・ギャップ指数」の二〇一四年度版では、日本は対象となる一四二カ国のうち一〇四位と、先進国のなかで際立って順位が低かった。これは、政治家や企業のトップなどの意志決定機構に女性がきわめて少ないことや[1]、男性労働者の労働時間が非常に長いために女性が家事や育児・介護などのケアワークの多くを担わざるをえない構造[2]、そのことと関連して男女労働者の賃金差が諸外国と比べて大きいこと、[3]などによる。このように日本では性別分業が諸外国に比して強固な社会構造となっており、「家族を扶養しなくてもよい」とみなされる女性労働者などの低賃金が容認され、全体としての労働条件が押し下げられてもいる。しかし国外では性別格差がこれほど大きくはなくまた縮小していることをみれば、[4]このような性別役割の構造が普遍的なものではないことは明らかである。歴史教育は、異なった時代と地域の社会におけるジェンダー構造を提示することによって、我々の社会におけるジェンダー構造を相対化し、閉塞した日本社会をのびやかに変えていく力をつけるものとならなくてはなるまい。

同時にこのような、男性か女性かによって生き方が大きく束縛される社会はまた、「典型的な男女」の範疇《はんちゅう》に入らない性的少数者にとっても生きづらい社会である。本章を執筆中の二〇一五年四月三十日、文部科学省は性的少数者の子どもへの配慮を求める通知を全国の小中高校へ出した。近年、ＬＧＢＴと称されるレズビアン(Ｌ)・ゲイ(Ｇ)・バイセクシュアル(Ｂ)・トランスジェンダー(Ｔ)を含む性的少数者[5]は、国内人口の七・六％を占めるとされるので、各教室では基本的にセクシャル・マイノリティーの生徒がその場にいることを前提とする必要がある。ＬＧＢＴはそれぞれ固有の特徴とニーズをもつ不均質な集団だが、スティグマ・差別・偏見にさらされやすく自死関連の経験率が高いなどの共通性があり、そうした経験のピークの一つは思春期であることを考えれば、文部科学省の通知は大きな一歩であろう。

以上のように、教育の場で(セクシャリティを含む)ジェンダーの問題を主流化し、つねにジェンダー視点をもって教育にあたることは、現代の日本社会で必要かつ大変重要である。では、歴史教育の領域では、どのようにそれに取り組めばいいのか。

一　日本学術会議ジェンダー史分科会の試み——『歴史を読み替える』全二巻の刊行

ジェンダー史分科会の活動

日本学術会議史学委員会の「歴史学とジェンダーに関する分科会」(以下、学術会議ジェンダー史分科会と略)は、この間一貫して、歴史教育のジェンダー主流化に取り組み、昨年、大きな成果として『歴史を読み替える』全二巻を刊行した。本節では、この間の取組を紹介する。

日本学術会議は、科学研究の成果を社会に還元するため一九四九年に設立された独立の政府機関である。以前は各学会を代表する二一〇人の会員によって構成されており、会員は男性がほとんどで、二十世紀の末まで女性会員は二%に満たなかった。こうしたなか、日本学術会議は二〇〇〇年六月の第一三二回総会において「日本学術会議における男女共同参画の推進について」という声明を出し、今後一〇年間で学術会議の女性会員の比率を一〇%まで高めるという目標を設定して自己変革を進めるとともに、「女性科学者の環境改善の具体的措置について」という要望を政府・大学・研究機関に提出した。学術研究の世界でも全体の女性比率を高めるとともに、意思決定の場に女性が入って、男女両性の目線から研究を進める体制をつくろうとしたのである。こののち、学術会議会員の女性比率は、二〇〇〇年から三・三%、〇三年からは六・二%と微増する。二〇〇五年の第二〇期からは学術会議は組織改革をおこなって会員の選出方法を変更し、また約二〇〇〇人の連携会員を委嘱して会員を補佐するものとした。この第二〇期に女性会員の比率は一気に二〇・〇%に増加し、その後も二〇%強の水準で現在にいたっている(現二三期は二三・三%)。政府の男女共同参画推進本部は、「二〇二〇年までに社会のあらゆる分野の指導的地位に女性が少なくとも三〇%を占める」といういわゆる「二〇三〇」の目標を決定している。これを達成するまで、学術会議は今一歩である。

女性会員の大幅に増えた第二〇期から、史学委員会にはジェンダー史分科会(委員長・長野ひろ子)が設けられ、現在まで活発に活動を続けている。筆者は二〇〇八年に始まった第二一期(同・長野)から連携会員としてジェンダー史分科会で活動してきたが、この間のジェンダー史分科会の取組は、以下のようなものであった。

二〇〇九年十二月十三日には、シンポジウム「歴史教育とジェンダー――教科書からサブカルチャーまで」(会場は日本学術会議、以下も同じ)を開催し、現代日本の歴史教育をジェンダーの視点から見直し、打開に向けて一歩を踏み出し、今後の方向性を探っていくことを主たる課題とした。諸外国の歴史教育も視野に入れながら日本の歴史教育の現状を考え、さらに歴史教育を学校での教科書を使った授業の範囲に留めることなく、マンガなどのサブカルチャーの分野も大きな影響力をもつ広義の歴史教育ととらえ、議論の対象とした。戦後日本では様々に歴史教育のあり方が議論されてきたがジェンダー視点からのものはそれまであまりなかったので、このシンポジウムは活発な意見が交わされる有意義なものとなった。そして歴史教育の状況が広く社会状況に規定されているとともに高校の授業・教科書・大学入試の三者が相互に制約し合っているという認識が、参加者に共有された。ここでの議論を通じて痛感されたことは、ジェンダー史研究は一九八〇年代以降かなりの成果の蓄積があるが、それが歴史教育の現場にあまり生かされていない、ということである。このシンポジウムの内容は、当日の報告を深め論点を補充した『歴史教育とジェンダー――教科書からサブカルチャーまで』〔長野/姫岡編 二〇一一〕として出版されている。

私たちは続いて、二〇一一年七月二日にシンポジウム「歴史認識を変える――歴史教育改革とジェンダー」を開催した。これは先のシンポジウムを受けて、ジェンダー視点がほとんどない高校歴史教育の現状を、高校の授業・教科書・大学入試のあり方とそれらの相互制約の状況などから検討して問題点を確認するとともに、ジェンダー視点を踏まえつつ、歴史における他者認識のあり方の多面的な検討を通じて、状況変革の展望を拓こうとしたものである。

こうした議論から得られた現状認識を踏まえ、私たちはジェンダー史研究の成果を歴史教育の現場に届けるべく、教材集を編むことにした。その結果、刊行したのが『歴史を読み替える――ジェンダーから見た世界史』〔三成／姫岡／小浜編 二〇一四〕および『歴史を読み替える――ジェンダーから見た日本史』〔久留島／長野／長編 二〇一五〕の二冊である。

『歴史を読み替える』全二冊の紹介の前に学術会議ジェンダー史分科会の活動紹介を続けると、二〇一一年秋から発足した第二二期分科会(委員長・井野瀬久美恵)は、二〇一三年六月二十九日に法学委員会ジェンダー法分科会とともに学術フォーラム「教養教育は何の役に立つのか？――ジェンダー視点からの問いかけ」を開催した。これは、グローバル化のなかで「独創性と創造性を備えた幅広い教養をもつ国際人」を育てるための大学の教養教育をどのように再建するかという課題に、ジェンダー視点からいかに応えるかを探ろうとしたものである[6]。

以上のように「歴史学とジェンダーに関する分科会」は、一〇年前の学術会議改革のときから一貫して、歴史学におけるジェンダー視点の重要性とその社会的使命を念頭に、それが歴史学研究においてはもちろん、高校教育・大学教育・社会教育を含む教育全般において果たす役割を考え、活動してきた。二〇一四年に発足した現在の第二三期委員会（委員長・井野瀬）もこの課題に継続して取り組み、とりわけ新科目「歴史基礎」創設が提言されるなど高校歴史教育改革の方向が模索されるなかで、あるべき歴史教育のなかにいかにジェンダー視点を取り入れていくか、言い換えればジェンダー主流化していくか、をめぐって活動を続けており、二〇一五年八月一日にはシンポジウム「歴史教育とジェンダー」を開催した。

『歴史を読み替える』全二巻について

さて、これまでの学術会議ジェンダー史分科会の活動の最大の成果ともいえる『歴史を読み替える』全二巻について、とくに筆者が編集にかかわった世界史編を中心に紹介しよう。同書執筆のために、第二一期ジェンダー史分科会のメンバーは「比較ジェンダー史研究会」を立ち上げ、第二一期終了後も第二二期分科会と連携しながら活動を続けた（二〇一二〜一四年度には、科研基盤B「歴史教育におけるジェンダー視点の導入に関する比較研究と教材の収集及び体系化」（代表・三成美保）も得ることができた）。

同書の目的は、ジェンダー史研究の成果を歴史教育の現場へ届けることである。すなわちあらゆる歴史教育・歴史的思考にジェンダー視点を導入するための素材を使いやすい形で提供することである。したがって同書は、高校世界史・日本史の授業のための教材・資料集として、また大学教養課程のテキストとして使われることを想定している。

そのために、見開き二ページを一項目としてそれぞれ独立して使いやすくした。基本的に一項目は一人で執筆する。各章は、概説（一項目）・各論（数項目）・特論（一項目）よりなるものとし、各論では、本文を左頁に、資料・コラム・図版などを右頁に配して視覚的にもわかりやすさを狙った。特論は、特定のトピックを時代・地域を通覧して論述するものとした。執筆は基本的に比較ジェンダー史研究会のメンバーによった。ただすべての時代と地域を基本的にカバーするためには各分野の専門家の協力をあおぐ必要があり、最終的な執筆メンバーは世界史編二〇名、日本史編二九名の多人数となったが、分量的には編者をはじめとする比較女性史研究会メンバーが大部分を執筆した。章別構成は、高校歴史教科書に準じるものとし、なかでも最もシェアの高い山川出版社『詳説世界史B』および同『詳説日本史B』に基本的に準拠した。この点については、多くの読者に使ってもらうためには正解だったと考えるが、各社の教科書のなかでもとりわけヨーロッパ史中心に偏っていることをはじめとして多くの批判を受けている教科書に準拠したため、その弊を再生産しているという批判を受けている。

また、本書のもう一つの特徴は、これと連携した比較ジェンダー史研究会のホームページ(http://ch-gender.jp/wp/)を開設し、ウェブ上で本書の内容をより深め、広げるコンテンツを提供し続けていることである。この内容は随時更新されており、最新の追加情報を得て、新しい研究動向を知り、明日の授業を深められるようになっている。

このような構成は、歴史教育の現場の先生方や学生・生徒に使いやすい形でジェンダー史の研究成果を届けるために、かなり有効だったと考えている。幸いにして好評を得て、世界史編は刊行一年ですでに四刷を重ね、日本史編も二刷が出た。ホームページのアクセスも増えており、今後の方向として、このような新しいツールを使ったネットワークの構築、例えばウェブを活用した高大連携のあり方や教育方法の交換なども模索できないかと思っている。

世界史編についていうと、そもそも、このような世界史全体にわたるジェンダー史の書物は、日本には類書がない。[7] 筆者にとってこのような書物の編集・執筆に参加できたことは、大変チャレンジングで学ぶところの多い経験であった(古代から現代までのアジア史全般という、とんでもない範囲の編集を基本的に担当したのだ)。構想を考えることから始まって、具体的な執筆依頼、原稿の整理から索引作成までを通して、どのような世界史全般にわたるジェンダーの歴史を次世代に届けるのかを模索し、また刊行後に多くの方からのご批判をいただいたことは、今後の歴史教育を考える際の貴重な経験となった。以下で、それを踏まえてどのようなジェンダー視点を取り込んだ歴史教育が必要と考えるかを記してみたい(なお、具体的な事項の詳細については、とくに記さないものは『歴史を読み替える――ジェンダーから見た世界史』をご覧いただきたい)。

二　近代を問い直す視点としてのジェンダー――「市民社会」のジェンダー規範の歴史性

ジェンダー史の研究成果から、歴史教育において伝える必要のあることの第一は、何よりも「近代市民社会」のジェンダー構造がどのようにして形成されたか、だろう。別の言い方をすれば、私たちの社会をいまだ規定し続けている「典型的」と考えられることの多い男女のあり方は、近代になって歴史的に構築されたものであり、変化し続けている構造だ、ということである。

近代の市民社会を構成するのは、「自律的・理性的個人」であるとされてきた。そのような個人とは、西洋近代においては、「異性愛者として家庭を築き、妻子を養うことができる白人中産階層の健康な青壮年期男性」であるような「市民」であることが、暗黙のうちに自明の前提とされていた。そのような「(男性の)市民」のみを主権者として国民国家は形成された。フランス革命で出された「人および市民の権利宣言 Déclaration des Droits de l'Homme et du Citoyen(フランス人権宣言)」のいう「人」も「市民」も男性だ

(なにせフランス語にはジェンダー——元来の意味での——があるので、このことは隠しようがない)。

こうして近代社会が成立して、女性は女性であることを理由に政治権力から排除されるようになった。もちろん、それまでも絶対多数の女性は(ほとんどの男性と同じく)政治権力などもっていなかった。とはいえそれはその身分のゆえで、王家に生まれれば、場合によっては女性も女王となって権力を振るうこともありえた。しかしながら近代市民社会(とそれを基盤とした国民国家)は、(古代ギリシアのポリスと同じく)女性や外国人を排除した男性市民による政治的共同体として成立したのである。

市民社会において政治主体として公的に活躍する男性は、同時に有償労働によって収入を得て家族を養うものと考えられた。家族は男女が愛情で結ばれて結婚してつくるもので、夫婦は互いに相手とのみ性関係をもち、二人の間の子どもを産み育てるという、性＝愛＝結婚＝生殖が四位一体となった家族である。家柄で結婚し、婚外関係をいとわない貴族とは異なった、市民的価値観に立った家族とは、貞淑で夫に扶養される専業主婦の守る道徳的な家庭生活を営むものであった。家庭はプライベートな、妻が家事・育児を無償でおこなう場である。市民社会の基盤としての家族のあるべき姿はこのように考えられるようになった。しばしば「伝統的」なものと考えられる「男は外で稼ぎ、女性は家で家事・育児」の性別役割分業は、じつは西洋においては近代的な理念である。そのような家族は、社会学やジェンダー論では「近代家族」と呼ばれる。これは、奉公人も含めた家族で農業や手工業経営をおこなっていたそれまでのヨーロッパ社会における家族像とは異なった、近代西洋社会に出現した歴史性をもつ家族の理念型である。

こうして十九世紀の西洋では、夫と子どもに献身的につくす、性的に貞淑な妻があるべき女性像とされていった。ヴィクトリア女王には夫と子どもたちとの団欒《だんらん》の場面を描いた肖像画がよく知られているが、そうしたイメージが広められたのは、道徳的に高潔で睦まじい家族の中心である女性が理想とされるようになったことが背景にある。

これに対して男性は、国民軍の兵士たる軍隊的「男らしさ」が、基本的にすべての男性に求められるようになった。十九世紀には男性君主の肖像も、ヴィルヘルム二世であれ、明治天皇であれ、軍服を着た力強さをあらわす画像が流布されるようになった。ルイ十四世がタイツをはいた脚や長髪で優美さを強調して君主の権威を演出した絶対王政の時代からは、権力を表象するジェンダーのイメージも変化しているのである［姫岡 二〇一四］。

以上のような「近代的な」ジェンダー配置は、国民国家の形成と密接にかかわる社会編成である。「近代社会」とは、このようなジェンダー構造を組み込んで成立したのだ。

このような男女二元論に立つ古典的な近代国民国家のジェンダー配置は、現在では見直され、変化してきている。主権者としての市民から排除された近代西洋の女性たちは黙ってそれに甘んじたわけではなく、すぐに女性参政権運動、すなわち第一波フェミニズムが始まる。女性参政権が実現したのは、西洋諸国ではおおむね第一次世界大戦後であった。

さらに第二次世界大戦後の一九六〇年代、アメリカでは専業主婦の生活に苛立ちを感じた女性たちが第二波フェミニズムの運動を起こし、これは同様の問題を抱えていた他の西洋諸国や日本でも広がった。男女の性別役割分業に疑問が提出されて女性の社会労働への参加や平等な待遇が促進され、また「個人的なことは政治的なことだ」のスローガンのもと、日常的な振舞いに潜むジェンダーの政治力学が問題視され、性に関する自己決定権や妊娠中絶の権利が主張された。国連は一九七五年を国際女性年とし、七九年には女性差別撤廃条約が成立して、性差別廃止・ジェンダー平等達成が国際的なコンセンサスとなった。

第二派フェミニズム以降、専業主婦が増えていた西洋諸国でも女性の有償労働への参画が再度普遍的になるとともに、性の自由化も進み、「近代家族」的なジェンダーシステムは正統性を失っていった。近年は、法律婚をしないカップルが増えて非嫡出子の割合がスウェーデンやフランスでは半数を、イギリス・アメリカでも四割を超えているなど、性＝愛＝結婚＝生殖の四位一体構造は、西欧ではほとんど過去のものとなった。同性婚を認める国もこの二、三年で急速に増え、現在ではアメリカ・オランダ・スペイン・カナダ・スウェーデン・フランス・イギリスなど北欧・西欧の多くの国で同性婚が法的に認められていて、男女の異性愛を基盤とする家族のあり方の正統性も変化しつつある。

以上のようにみると、ともすれば「伝統的」で「自然」なものとみなされがちであった「近代家族」的なジェンダー秩序のあり方は、歴史的に形成され、すでにその役割を終えつつあることが明らかだろう。

三　民族の特徴や伝統とジェンダー――アジア・ジェンダー史研究の課題

各地域の社会構造の特質とジェンダー

「近代家族」に限らず、家族構造はそれぞれの社会で特徴をもって歴史的に形成される。

阪大歴教研から出版された『市民のための世界史』のコラム「「日本的伝統」の成立」〔大阪大学歴史教育研究会編 二〇一四、六四〜六五頁〕では、日本の家族制度について、古代日本の「氏《うじ》」(双系制的で、女性の地位もかなり高い)と、平安後期から形成され始め江戸〜明治期に庶民層にまで広がった「家《いえ》」(父系制で、父＝夫が強い支配権をもつ「家父長制」であり、家業との結びつきが強いなどの特徴をもつ)とを、それぞれの時期の日本の特徴的な家族制度とみる。そして「家」は儒教的家族モデルの影響を受けつつも、中国の「宗族」とは異なり、血縁集団というよりは経営体の性格を強くもち、日本では高度経済成長以前は、女性も社会的・経済的役割をもつのが普通であった、とする。さらにコラム「近世東アジアの共通性と差異」〔同、一三四〜一三五頁〕は以下のように述べる。十八世紀前後の東アジア各地域では小農民が自立した家族経営をおこない、家族・親族や村社会の構造の男性中心化が進んだ。こうした共通性をもちながらも、中国や朝鮮・ベトナムで男子の均分相続が原則となり父系血縁集団が発達したのに対し、日本では個々の家の独立性が高まり、長子相続や婿養子の容認など、他地域とは異なった儒教の基準からみても異常なルールが一般化する、という相違点もみられた、と。

このように家族をはじめとするジェンダーのあり方は、それぞれの社会の根幹を規定し特徴づける構造であり、しかしながら歴史的には中長期的に変化する。

先のコラム「「日本的伝統」の成立」「近世東アジアの共通性と差異」の議論のベースの一つは滋賀秀三『中国家族法の原理』(創文社、一九六七年)で提出された中国の家族の理念型である。これは大変よくできた論なのだが、類型論であり、歴史的な変容を問題としていない。私たちは、先に『歴史を読み替える——ジェンダーから見た世界史』を編む過程で、西洋のジェンダー史に比べてアジアのジェンダー史研究の分野の立後れを痛感し、筆者の専門である中国史に即してそれを組織的に発展させるべく、二〇一二年度から中国ジェンダー史共同研究を発足させた[8]。この共同研究では、「滋賀『中国家族法』を歴史化する」ことをはじめとして、これまでの日本の中国史研究のなかのジェンダーにかかわる成果を再検討し、新たな研究を加えて、中国史におけるジェンダー構造の変遷を見通していきたいと考えている。

植民地的近代のジェンダー構造

前述のように、西洋の近代国民国家は女性と同時に外国人をも排除した「市民」の社会を基盤として形成された。西洋「近代」はアジアやアフリカなどの諸地域を植民地として組み込み、植民地との関係に相互規定されながら形成された「植民地的近代」であることは、すでに周知のこととなっている。では、そのような植民地的近代にジェンダーはどのように構造的に組み込まれていたのか。

西欧列強は、自らの近代社会を普遍的な「文明」とし、そうでない非西洋世界を「野蛮」と位置づけて、「文明化の使命」をもって非西欧世界に対峙した。その際、「文明」を表象する指標とされるものには、ジェンダーが深くかかわっていた。

例えば十九世紀の中国では、纏足《てんそく》は漢族の文化の精粋で貞淑な女性の美徳の体現であるとして尊重されていた(そこには漢族エリートの、支配者たる満洲人の目につかない家のなかの女性の纏足に表象させて中華文明を維持しようという、屈折したプライドが託されていた)。そこにやってきた西洋人は、これを女性の身体を毀損する野蛮な風習であり中国の後進性の証明だとみなす。西洋との戦争に相次いで敗れた中国の知識人はこの考え方を受け容れ、富国強兵のためには女性は国民の母として強壮な身体をもつべきだとして、纏足の廃止を主張するようになる。二十世紀前半の中国では、纏足しているかどうかは文明と野蛮、進歩と落後とを分かつ標識とされ、一九二〇年代の国民革命の時期にも、中国共産党による革命のなかでも、纏足の解放は革命の進展の指標となって上から進められたのである[マン 二〇一五]。

その一方でインドでは、イギリス人がサティー(寡婦殉死)を人道にもとる野蛮な習慣として「文明」の名において条例によって禁止したが、インドの指導的な男性知識人のなかにはサティーをインド女性の美徳、ひいてはヒンドゥー文明の有する高い精神性の証左であるとして擁護する者も少なくなく、サティーをめぐる議論はより複雑な様相を呈した。これには中国が「半植民地化」されながらも一応独立国の体裁を保ったのに対して、インドはイギリス帝国の植民地とされたという違いも関係していただろう。

このように植民地的近代の様相は、地域によって多様である。「文明化の使命」を掲げる西洋の影響力が各地におよぶなかで、アジア各地では様々な社会変化が始まり、伝統社会のジェンダー秩序も動揺し始めた。その際、近代西洋文明とは異なったアジア社会のジェンダー秩序のあり方は、「遅れた社会」の象徴として変革すべき対象とされたこともあれば、「民族の伝統」として再編強化されることもあったのである。西洋近代のジェンダー秩序の理念は、それぞれのアジア社会が変化する際の参照系となったが、その参照のされ方は一様ではなかった。

このような西洋近代のジェンダー秩序を参照系としたアジアの植民地的近代のジェンダー再編への考察が始まっているということは、逆に西洋近代的ジェンダー秩序の構築にいかに非西欧のジェンダー秩序（への思い込み）が反映しているかの考察にもつながる。そもそも啓蒙期ヨーロッパは「文明化された西洋／未開の東洋」を具象化する際に、「男性的西洋／女性的東洋」「貞淑な西洋女性／ふしだらな非西洋女性」といったジェンダー・モデルをさかんに利用した。十九世紀のヨーロッパがさかんに海外進出して植民地を獲得する頃には、西洋のナショナリズムは、敵国や植民地の住民を「臆病、優柔不断、脆弱《ぜいじゃく》な」女性として表現し、自らの断固として外部の敵と戦う勇気、決断力、戦闘性を備えた男性的な要素を強調して、前述のような近代国民国家の兵士としての男性性を構築していった。このような優越感に基づいた他者認識たるオリエンタリズムは、具体的にはジェンダーの表象を通して顕れることが多い。ジェンダー・

センシティブな視点をもって植民地的近代の構造を問い直す研究は、まさに今始まったところなのだ。

おわりに

長々と書き連ねてきたことは、一部の方にとっては周知でも、多くの読者にはこれまであまり関心をもたれていなかった内容かもしれない。しかし日本社会がたいへん男女格差が大きく性別分業が強い社会であり、これらを是正することが日本社会の再生には不可欠であること、そのためには「近代市民社会」における男性像・女性像の規範がどのように形成されたかをはじめとして、ジェンダー構造が歴史的形成物であることを歴史教育の場で広く伝えることが重要なこと、などは歴史教育の関係者が共有すべき認識であろう。

ジェンダー視点の主流化(一般化)は、歴史教育を活性化し、日本社会をのびやかに再生してゆくためには必須のものである。様々な方法で、その実現を読者とともに推進していきたい。

◆註

1　二〇一四年十二月の総選挙の結果、日本の国会議員の女性比率は九・五%となったが、これはOECD三四カ国中で最低である。

2　OECDの統計によると、日本の男性の有償労働時間は四七一分で、フランスの二三三分の倍以上であるなど、各国のなかでも突出して長い。逆に家事とケアワークを合わせた無償労働時間は三一分で、韓国と並んで最も短い(無償労働時間が最も長いデンマークの男性は一三八分で、その有償労働時間は二六〇分。またフランスの男性の無償労働時間は一一四

分である)。〔岩間／大和／田間編 二〇一五、一二四頁「一五〜六四歳の男女別の生活時間の国際比較」表より〕

3 OECD加盟国中、最も男女賃金格差の大きいのは韓国で二〇一二年に三七・四%、日本はそれについで二六・五%、二〇一一年のOECD平均は一四・八%である。

4 諸外国では男女格差が縮小しているなかで、日本では男女差が改善しないため、ジェンダー・ギャップ指数の相対的な順位は下落傾向にある。日本は二〇〇六年には一一五カ国中七九位、二〇一一年には一三五カ国中九八位であった。

5 セクシャリティは、生物学的性(からだの性)、性自認(こころの性)、性的指向(好きになる性)、性表現(社会的に表現する性)の四つの軸からとらえられる。からだの性とこころの性が一致してそれを表現し異性を好きになるという規範的な性のあり方と異なる、多様なセクシャリティをもつ人々が性的少数者と総称されている。人口割合は二〇一五年の電通総研の調査による。

6 その内容は、〔井野瀬ほか 二〇一四〕にまとめられている。

7 英語をはじめとする外国語のものも筆者は知らないので、多くはないのではないか。これに対して、日本史分野のジェンダー史の成果をまとめたものはすでに何種類か出ている。

8 中国ジェンダー史共同研究は通称で、東洋文庫現代中国研究資料室ジェンダー資料研究班が母体であり、二〇一三〜一五年度は、科研基盤C「歴史的視点による中国のジェンダー秩序に関する総合的研究」(研究代表者・小浜正子)も得ている。四年目になる今年度からは、以下のいくつかの成果を公刊できる予定である。

(1) スーザン・マン『性からよむ中国史——男女隔離・纏足・同性愛』(小浜正子／リンダ・グローブ監訳、秋山洋子・板橋暁子・大橋史恵訳)平凡社、二〇一五年。同書は英語圏の中国ジェンダー史の成果を総合した大学用テキストの翻訳である。

(2) 小浜正子編『ジェンダーの中国史』(アジア遊学一九一)勉誠出版、二〇一五年十一月。

(3) 小浜正子・秋山洋子編『現代中国におけるジェンダー・ポリティクスの新局面』勉誠出版、二〇一五年十二月刊行予定。

(4) 小浜正子・下倉渉・佐々木愛・高嶋航『中国ジェンダー史研究入門』京都大学学術出版会、二〇一六年春刊行予定。

◆参考文献

［井野瀬ほか 二〇一四］ 井野瀬久美恵ほか「特集1 教養教育は何の役に立つのか？」（『学術の動向』第一九巻第五号、三七～四七頁(http://www.h4.dion.ne.jp/~jssf/text/doukousp/2014-05.html)

［岩間／大和／田間編 二〇一五］ 岩間暁子・大和礼子・田間泰子編『問いからはじめる家族社会学――多様化する家族の包摂に向けて』有斐閣

［大阪大学歴史教育研究会編 二〇一四］『市民のための世界史』大阪大学出版会

［久留島／長野／長編 二〇一五］ 久留島典子・長野ひろ子・長志珠絵編『歴史を読み替える――ジェンダーから見た日本史』大月書店

［スコット 二〇〇四］ ジョーン・W・スコット（荻野美穂訳）『増補新版 ジェンダーと歴史学』平凡社

［長野／姫岡編 二〇一一］ 長野ひろ子・姫岡とし子編『歴史教育とジェンダー』青弓社

［姫岡 二〇一四］ 姫岡とし子「教養教育とジェンダー史」（井野瀬ほか 二〇一四）八～一五頁

［マン 二〇一五］ スーザン・マン（小浜正子／リンダ・グローブ監訳、秋山洋子・板橋暁子・大橋史恵訳）『性からよむ中国史――男女隔離・纏足・同性愛』平凡社

［三成／姫岡／小浜編 二〇一四］ 三成美保・姫岡とし子・小浜正子編『歴史を読み替える――ジェンダーから見た世界史』大月書店

参考ウェブサイト 比較ジェンダー史研究会ホームページ(http://ch-gender.jp/wp/)

東京外国語大学における東南アジア「地域基礎」の試み

――東南アジア史教育の視点から

青山　亨

本章では、筆者がかかわってきた東南アジア史教育の観点から、東京外国語大学における歴史教育の実践と課題について述べてみたい。具体的には、二〇〇八年度に新たに立ち上げた外国語学部（当時）における東南アジア課程（当時）の新入生を対象にした入門的講義である東南アジア課程地域基礎Ⅱ「東南アジア研究入門」を取り上げ、とくにそのなかで筆者が担当してきた「歴史　その1」における東南アジア史概論の講義に焦点をあてる。限られた経験であるが、ここから得られた知見を共有することで、何がしかの貢献ができることを願っている。なお、ここで取り上げる地域基礎Ⅱの立上げと運営は東南アジア課程全教員の取組であり、本章での評価はあくまでも筆者個人のものであることをはじめにお断りしておきたい。

一　東京外国語大学における東南アジア教育

東京外国語大学は、幕末の蕃書調所《ばんしょしらべしょ》が淵源とされているように、その始まりから外国語を通じて外国の知識を得ることが使命とされており、そのときどきの日本社会で必要とされた言語が教育対象として加えられてきた。東南アジアの言語に限っても、インドネシア語とマレー語ならびにタイ語が馬来語《マライ》と暹羅《シャム》語の名で戦前から教授されていたことや、戦後の経済成長期になって他の東南アジア諸国の公用語が加えられてきたことは、東京外国語大学の外国語教育が日本社会と対象地域との関係を如実に反映している事実を物語っている。

しかしながら、「外国語大学」という名称からややもすれば誤解されがちであるが、東京外国語大学の教育目標はたんに外国語を学ぶことだけを目標としているのではない。学則の第一条に「世界の言語とそれを基底とする文化一般につき、理論と実践にわたり研究教授し、国際的な活動をするために必要な高い教養を与え、言語を通して世界の諸地域に関する理解を深めることを目的とする」と述べられていることが示すように、言語を学ぶことで、異なる文化を理解し、他の社会の人々と交わることが、その先にある目標として立てられている。

このことは、東京外国語大学の教育が本来的に、語学教育という中核的な領域に加えて、社会学、歴史学、文化人類学といった諸学問の領域、さらにまた、戦後に生まれた地域研究という学問領域を包含していることを意味している。これが最も明瞭な形になったのが、一九九五年度の改革でつくられた教育制度においてである。この改革は、一九九一年に施行された文科省の大学設置基準大綱化(とくに一般教育と専門教育の区分の廃止)に対応したものであるが、東京外国語大学の内部からの動機としては、それまでの語学教育中心の教育体制から、三つの領域を包含した体制への転換を図るものであった。

この改革によって、外国語学部は二六専攻語、七課程、三講座という体制に改組された。学生が所属する最小の単位が専攻語であり、さらに、地域として関連する複数の専攻語がまとまった単位が課程である。専攻語と課程が学生の所属する単位であるのに対して、講座は教員がそれぞれの専門性に応じて所属する単位である。この改革によって、それまでの国民国家単位で分けられた語科（専攻語の前身）ごとのタコツボ的な教育を改めて、複数の専攻語を包括するより広い地域について学ぶ道が開かれた。学生は、一、二年次で専攻語と地域について学んだのち、三、四年次には講座別に開講された言語・情報コース、総合文化コース、地域・国際コースの授業科目を選び、学んでいくことになった。専攻語と課程では語学教育と地域研究の領域をカバーし、講座別のコースでは学問的専門領域をカバーするという狙いである。東南アジア課程には、インドネシア語、マレーシア語、フィリピン語、タイ語、ラオス語、ベトナム語、カンボジア語、ビルマ語の八専攻語が含まれることになり、専任教員一七名（その後一六名）が授業科目を担当することになった。実は、もともと東南アジア地域研究の意識が明確であった東南アジアの諸語科は、共通講義などの取組の試みを重ねており、一九九五年度の改革に先立ち一九九二年に合併して東南アジア語学科への拡充改組を実現していた。この意味で、改革による東南アジア課程の創出は、東南アジア地域研究のあり方に沿った望ましい改組であったといえるだろう。

二　地域基礎Ⅱ「東南アジア研究入門」の立上げ

一九九五年度改革のカリキュラムでは、一、二年次の学生に向けて、専攻語を学ぶ語学の科目と文化・歴史・社会を学ぶ地域基礎の科目が開講された。後者は二つの科目からなり、東南アジア課程の場合、地域基礎Ⅰが専攻語の地域を学ぶ科目であるのに対して、基礎Ⅱは東南アジア課程共通の科目として開講され、東南アジアを一つの地域として学ぶ科目として設計された。なお、これらはいずれも、通年で開講され、二年次終了までに（通常は一年次のうちに）地域基礎ⅠとⅡそれぞれ四単位を修得することが必須となっていた。

　さて、このような形で開講された東南アジア課程共通の地域基礎科目を二〇〇八年度に改編することになった背景には、大学による非常勤講師の大幅な削減があった。東南アジア課程としては、これを機に、これまで複数の非常勤講師に専攻語ごとに個別に依頼していた地域基礎Ⅱを全面的に改編し、東南アジア課程のすべての専任教員が分担して協力する通年の体系的な授業科目「東南アジア研究入門」として開講することにした。さらに、従来の非常勤講師による地域基礎科目の間で十分な連携がとれていなかったことへの反省や、たんなるリレー講義ではやはり全体のまとまりが曖昧になることへの懸念を踏まえ、学生に対して責任がもてるカリキュラムの立案と運営を目的として、二〇〇七年一月にワーキング・グループを立ち上げた。ワーキング・グループは地域基礎Ⅱで教えるべき複数のテーマを設定し、それに基づいて分担する教員に授業計画を立ててもらい、それをさらにワーキング・グループで検討して練り直すという作業をおこなった。こうして、二〇〇八年三月までに計七回の会合を開いてカリキュラムを準備し、二〇〇八年度の開講を迎えた。

　地域基礎Ⅱ「東南アジア研究入門」は、専攻する言語や地域に対する関心だけではなく、八専攻語の言語や地域すべてを包み込む東南アジアという広い地域に対する関心を学生にもってもらうことを狙いとしており、そのために、東南アジア課程の学生であれば専攻語を問わず誰もが知っておくべき基本的な概念を学ぶ科目として設計された。ここで学ぶ知識は三年次になってより専門的な知識を学ぶうえでの基礎になるだけではなく、卒業後の社会生活においても有益なものであることが意図された。そこで、この授業科目を履修した学生には、達成が期待される以下の三項目の目標が設定された。

(1)東南アジア全体を一つの地域として総合的な視点で考えられること
(2)東南アジア内のある国・地域の問題を東南アジア内の他の国・地域、あるいは周辺地域(東アジア、南アジア)と関連させて、比較的な視点で考えられること
(3)東南アジアの歴史や文化についての基本的な知識を身につけることで、現地の人々と円滑なコミュニケーションができること

このようにして、二〇〇八年度に開講した地域基礎Ⅱ「東南アジア研究入門」の構成は、以下のとおりであった。なお、受講生の数は新入生を中心に一〇〇名強である。最初に一学期、つぎに二学期の各一五週の講義題目と概要を示す。

一学期

第一週「ガイダンス」
第二週「地理」
第三週・第四週「言語　その1・その2」　東南アジア大陸部の諸言語
第五週・第六週「言語　その3・その4」　東南アジア島嶼《とうしょ》部の諸言語
第七週「宗教と社会　その1」　東南アジアの宗教分布、ベトナムとフィリピンの宗教
第八週「宗教と社会　その2」　東南アジアのイスラーム
第九週「宗教と社会　その3」　東南アジアの上座仏教
第一〇週「宗教と社会　その4」　東南アジアの社会組織
第一一週「文学と表象文化　その1」　東南アジアの古典文学

第一二週「文学と表象文化　その2」東南アジアの映画
第一三週「文学と表象文化　その3」東南アジアの近代文学
第一四週「文学と表象文化　その4」東南アジアの現代文学
第一五週「期末試験」

二学期

第一週「ガイダンス」
第二週・第三週「考古学　その1・その2」東南アジアの考古学研究
第四週「歴史　その1」東南アジア史の概要、東南アジアの古代史
第五週・第六週「歴史　その2・その3」東南アジアにおける近世の成立から植民地支配体制形成まで
第七週「歴史　その4」東南アジアにおける植民地社会、日本軍政、ナショナリズムの展開
第八週「ゲスト・スピーカ(同時代の証言)」東南アジア出身者による証言
第九週「政治と経済　その1」ASEAN
第一〇週「政治と経済　その2」東南アジアの国民形成と政治参加
第一一週「政治と経済　その3」東南アジアの経済発展
第一二週「政治と経済　その4」東南アジアと日本の関係
第一三週・第一四週「世界に羽ばたく　その1・その2」東南アジア課程卒業生によるトーク
第一五週「期末試験」

三　「地域基礎」における歴史教育

地域基礎Ⅱで筆者が担当したのは、「歴史　その1」であるが、このなかでは、東南アジア史の概論と古代を取り扱っている。東京外国語大学における東南アジア史教育の課題と特徴は概論の部分に最もよくあらわれていると思われるので、ここでは東南アジア史の概論をどう扱ってきたのかという点に絞って述べてみたい。

最初に、地域基礎Ⅱにおいて東南アジア史の概論を講義するにあたって、受講する学生の特性、修了後に東南アジア課程の教育のなかで学生に期待されている知識、そして卒業後に必要とされる知識の三つの観点から、どのような課題があるのかを検討しておきたい。

まず、学生は一般的に、過去よりも現在の状況、文化や社会よりもメディアで報道されるようなアクチュアルな問題に関心をもつ傾向がある。このこと自体は決して悪いことではないが、歴史や文化を教えるにあたっては、学生を惹《ひ》きつけるそれなりの動機付けが必要であることを意味している。東京外国語大学の東南アジア課程に所属する学生の場合であっても、確かに東南アジアに対する関心は高いが、歴史や文化に関心をもつ学生ばかりではない。歴史や文化に対する関心の高い学生とそうでない学生が混在するなかで、いかに彼ら、彼女らの関心を惹きつけ、しかも、それ以上に重要なことだが、授業のあとにも知識が定着するような学びの機会を提供するかが課題となる。

また、このことにも関連するが、学生がもつ世界史の知識に見合った東南アジア史の導入が必要となることである。東京外国語大学の二次試験では英語と地歴の二教科が課され、地歴は世界史一科目であった

（二〇〇六年度から一四年度まで。一五年度からは日本史と世界史から一科目選択に変更）。したがって、新入生に一定の世界史の知識があると想定することはできるが、実際には、多くの学生は世界史について十分な知識をもたないままで入学しているし、ましてや東南アジアについては断片的な知識しかもっていないことは明らかであった。したがって、断片的な東南アジア史の知識を前提として、東南アジア史を一つのまとまりとして理解させることが課題となる。

つぎに、地域基礎Ⅱを履修した学生たちは、各専攻語の授業でそれぞれの地域の歴史についてさらに理解を深めていくことになる。したがって、地域基礎Ⅱでの歴史教育は、東南アジア課程八専攻語のいずれの学生にとっても、自分たちの専攻語地域との関連が読み取れるような内容である必要がある。むろん、このことは、各専攻語が単位としている国民国家の歴史の集積として東南アジア史を教えるということにはならない。むしろ、東南アジア全地域の歴史の流れを押さえながら、それぞれの専攻語の学生にとって何か引っかかりになる「伏線」を張りめぐらした東南アジア史の概論が必要となる。このように、専攻語を超えた東南アジア課程という単位で歴史を学ぶことの意義を提示することが第三の課題となる。

最後に、東京外国語大学の卒業生の多くが、研究者や教員となるよりは、社会人として国内外の様々な分野で、しかも、その多くは所属した課程の地域とは縁の遠い職場で活躍していることを踏まえると、世界市民として知っておくべき最低限の歴史の理解を身につけることが求められているといえる。その意味では、東南アジアとかかわるほかの地域、とりわけ、南アジア、東アジア、欧米との関係も織り込んだ、いわばグローバルな歴史理解が不可欠であるし、そのなかでも、日本との関係をしっかりと理解することが課題となる。

以上のような課題を踏まえて、地域基礎Ⅱの歴史の概論においては、導入と学習の過程に工夫をおこなった。まず、筆者が地域基礎Ⅱで宗教も担当していることが一つの理由でもあるが、東南アジアの歴史を導入するにあたって、現在の東南アジアの多様な文化を理解するためには歴史を理解しなければならない、というアプローチをとった。具体的にいえば、現在、インドネシアではムスリムが人口の八八%、タイでは仏教徒が人口の九四%、フィリピンではキリスト教徒が人口の九三%を占めていることが示すように、東南アジアは世界のなかでも突出して多様な文化に恵まれた地域である。東南アジアの文化的多様性を理

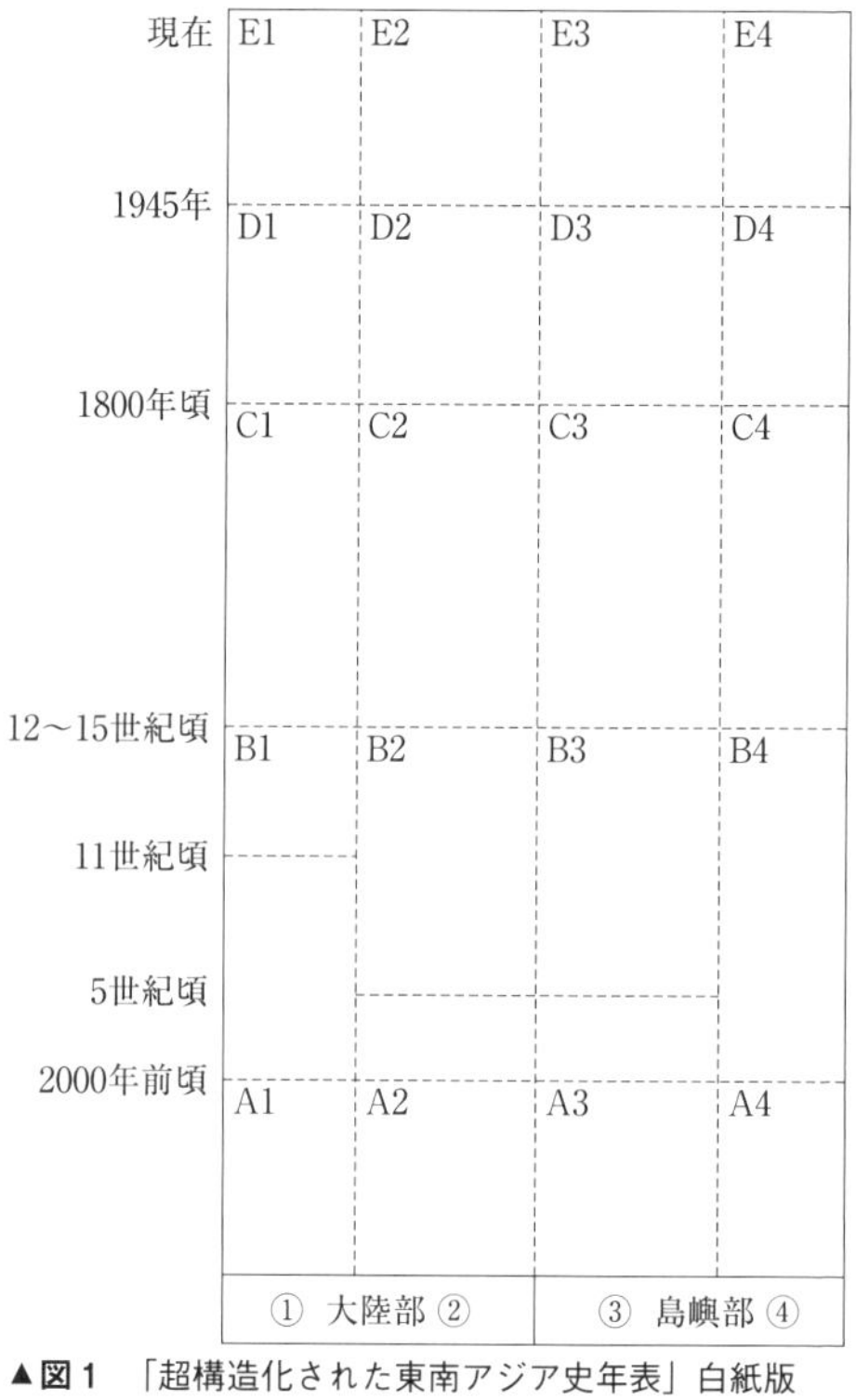

▲図１　「超構造化された東南アジア史年表」白紙版

解する鍵こそ、東南アジアの歴史を知ることであるとして、学生の関心の喚起を図ることにした。

つぎに、与えられた時間が限られているなかで、歴史理解の定着を図るために、歴史の細部は省略し、大きな流れに絞って、東南アジア史をかなり大胆に構造化した見取り図を学生自身につくらせる作業を学習過程の中心にすえた。一般に歴史を整理するために年表が使われるが、地域基礎Ⅱで学生につくらせるものは、空間を理解するために一枚の略地図を描かせることが有効なように、全体を一枚の紙に収めた図式化された年表である。たとえていうならば、東南アジアの歴史という未知の土地を詳細に説明するに先

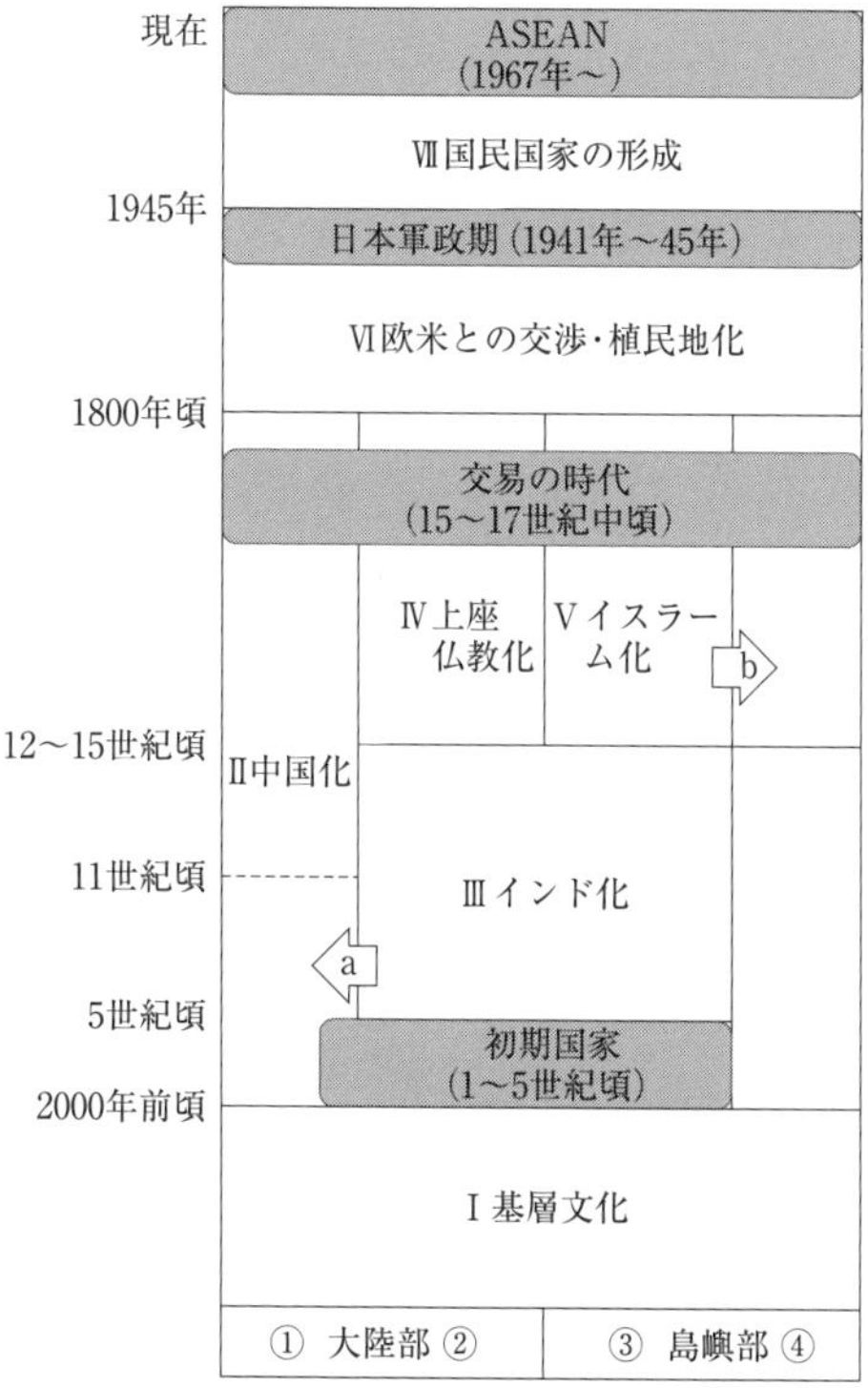

▲図2　完成した年表

立って、その土地の主要な特徴を書き込んだ見取り図をつくらせるような作業である。実際の授業においては、東南アジアの歴史全体を一枚の図に落とし込むための「超構造化された東南アジア史年表」の白紙版（**図1**）を学生に渡し、配付資料とパワーポイントのスライドに基づいて、教員の指示に従いながら年表を完成させる作業をおこなってもらう。授業が終わった時点でできあがった年表（**図2**）は、学生の関心に応じて、詳しい情報を書き足すことで、その後の専攻語の授業でも活用されることを意図している。

白紙版の年表は、縦横の罫線でつくられたマトリックスにA～Eと1～4の座標を付したものである。横軸（1～4）は空間の広がりをあらわしており、真ん中の縦線を中心にして、左側が大陸部、右側が島嶼部である。さらに、大陸部の左側がベトナム、島嶼部の右側がフィリピンとして区分けされている。授業では最初に、東南アジアが、東アジアと南アジア（およびその西方の地中海世界）との間にあって、東西の海上交易が東南アジアの発展につねに大きな影響を及ぼしてきたことを説明する。そのことから、逆に、東南アジアのなかでも最も太平洋寄りに位置するフィリピンと、中国と地続きでつながっているベトナム（とくに北部）は、東南アジア史においても特徴的な位置にあることを示し、年表で区分けされていることの意味を説明する。このような説明で、ベトナムとフィリピンを専攻する学生たちにも、東南アジアにおけるそれぞれの地域の立ち位置を明確に意識させ、その後の東南アジア理解が円滑に進むことを意図している。

年表の縦軸（A～E）は時間の流れをあらわしている。通常の年表と異なって上が現在、下が過去としているのは、時間の経過に従って、文化事象が「堆積」していくという、いわば考古学の地層的な発想をしているからである。授業では、新しい文化の到来が、古い文化を消去することなく、混交・融合し、積み重なっていくイメージを説明し、東南アジアにおける文化の重層性を強調している。また、時間軸ではとくに重要な画期として、あとで述べるように、一九四五年、一八〇〇年頃、十三〜十五世紀頃、二〇〇〇年前頃を付している(さらに補助的に十一世紀頃と五世紀頃がある)。授業では、「頃」とされている年代には世紀単位の幅があることを強調している。

授業では、このようにして、縦横の罫線でつくられたA1からE4までの二〇の大きなブロックを、時間・空間・社会・文化の関連性で結びつけていくことで、マトリクスの全体をⅠからⅦまでの七つのセットに分節していく。さらに、これらのセットとは別に、三つのサブセットを設ける。学生たちには、それぞれのセットやサブセットの特徴を説明しながら、セットごとに色分けをし、年表を完成してもらう。こうして、授業が終了した時点で、東南アジア史の見取り図ができることになる。いうまでもないことだが、授業では、各セットが時間軸、空間軸いずれの方向にも同じ色で均等に染まってしまうわけではないこと、そこには自ずと濃淡があることを強調している。

以下、セットⅠからⅦまでの各セットと三つのサブセットの特徴の概略を示していきたい。なおここでの説明は二〇〇八年度のものを改訂した現在のバージョンに基づいている。

セットⅠは基層文化が卓越した時空間である(A1〜A4+B4+C4)。ここでは、中国やインドなどの域外の文明の影響を受ける前の段階の文化とその文化を有する社会の総称として基層文化の時空間という言葉を使っている。典型的には、精霊信仰が卓越した首長制社会において、水稲耕作と金属器の使用がおこなわれている時空間である。その後、①ではセットⅡに、②と③では初期国家の形成へと移行するが、④ではバランガイ社会に代表される基層文化がスペイン人の到来まで継続した。ただし、④にもイスラームの伝来があったことを矢印ｂであらわしている。サブセット「初期国家」は、年表ではセットⅢの一部のようにみえるが、実際には東西海上交易に刺激されて自律的に出現した最初期の国家であり、インド化に先立っている。①の側に伸びているのは林邑《りんゆう》を意図している。

セットⅡは、中国化した時空間である（Ｂ１＋Ｃ１）。ベトナム北部は前漢によって征服され中国の領域に入る。十一世紀になってベトナムは中国からの独立を達成するが、中国を規範とする中国化はグエン朝にいたるまで続いた。この時空間は、漢字、中国系の仏教や諸宗教、官僚制、科挙などの導入を特徴とする。なお、矢印ａは、中部を拠点としたチャム人が五世紀頃からインド化していることをあらわしている。チャム人は十三世紀になるとイスラームを受容しており、その歴史的発展は島嶼部のそれと連動している。

セットⅢ（Ｂ２＋Ｂ３）は、サブセット「初期国家」がより広域な地域統合を果たすために主体的にインド的原理を取り入れた、五世紀頃に始まる時空間である。この時空間は、セットⅡと対照的に、インド系文字、サンスクリット語からの借用語、仏教（おもに大乗仏教）とヒンドゥー教、インド的王権などの導入を特徴とする。大陸部では十二世紀のアンコール、島嶼部では十四世紀のマジャパヒトが代表的な王国である。セットⅢの時空間は、その後、上座仏教化した②とイスラーム化した③に分かれるが、いずれの地域においても、セットⅢで定着したインド的文化は現代にいたるまで大きな影響を保っている。

セットⅣ（Ｃ２）は、パーリ語を用いる上座仏教が広がった時空間である。この時空間に出現した社会のおもな担い手は大陸部の河川域を南下してきたビルマ人およびタイ系の諸民族（タイ人、ラオ人）である。上座仏教の定着はビルマのパガンがスリランカから教学を政策的に導入した十二世紀頃に始まる。典型的な上座仏教国家では、王は仏法に基づいて統治し、仏法の保持者である教団を保護することで正統性の根拠とした。タイのラタナコーシン、ビルマのコンバウンのように現在の国民国家の原型になる伝統国家がこの時空間の終わり頃に出現している。

セットⅤ（C3）は、セットⅣと対照的にアラビア語を用いるイスラームが広がった時空間である。十五世紀にマラッカがイスラーム化したことが契機となって、島嶼部の港市にイスラームが拡散し、この時空間の社会ではアラビア語からの借用語やアラビア文字が広まった。ジャワ島のマタラムは例外的に内陸に拠点をおいたイスラーム王国の一つである。なお、フィリピンにもイスラームは浸透したが（矢印b）、十六世紀に到来したスペイン人によって南部に押し込まれた。

十五世紀から十七世紀中頃はサブセット「交易の時代」である。①から④までの東南アジア全域と隣接するアジア諸地域に広がる交易活動が活発化し、十六世紀になるとヨーロッパ人も参入した。授業では、このサブセットが、現在の東南アジアという地域のまとまりの端緒であり、また、琉球王国の繁栄や朱印船の活躍とも関連していたことを指摘する。

セットⅥ（D1～D4）は、一八〇〇年頃を境に、欧米との交渉と植民地化が進展する時空間である。十六世紀以来、スペイン、ポルトガル、オランダ、イギリス、フランスが商業勢力として東南アジアに参入していたが、十九世紀に入ると、欧米での産業革命の進展と並行して東南アジアでの植民地支配を展開していく。植民地化を免れたのはタイのみであった。④のフィリピンにおいてはすでに十七世紀頃からスペインによるキリスト教化が進行した（十九世紀末からアメリカ領）。この時空間の最後の段階が日本軍による東南アジア占領・進駐であり、東南アジアの共通の記憶となっている（サブセット「日本軍政期」）。

セットⅦ（E1～E4）は、日本の敗戦とともに始まった国民国家形成の時空間である。独立した諸国は経済発展と国民統合に邁進《まいしん》する。この時代の前半は冷戦の影響下にあって、東南アジアにおいてもインドシナ戦争が起こったが、そのなかで生まれたＡＳＥＡＮは、冷戦終結後には地域連合としての実質を深めつつある。

以上、「超構造化された東南アジア史年表」をもとに、地域基礎Ⅱの東南アジア史の概論について説明してきた。当然のことながら、この年表は簡潔さを最優先にしているため、個別の局面での齟齬《そご》は避けられない。例えば、受講生のコメントシートにも、なぜ大陸部が上座仏教化したのに対して島嶼部がイスラーム化したのか、また、なぜそれぞれの変化に時代差があるのかという疑問が書き込まれている。このような疑問には個別に答えることで対応していかなければならない。ただ、逆説的ではあるが、ここまで単純化した年表であるがゆえに、学生のほうでも、実際の歴史はもっと複雑なはずだと批判的な視点で受け取ってくれており、このことはかえって学生の自発的な学習を促す契機となる点では好都合だと考えている。この講義が提供するものは、あくまでも東南アジア史の大枠を示した見取り図であり、これをきっかけに、学生がそれぞれの専攻語の授業で、あるいは、自発的な学習のなかで、年表の偏った部分を正し、欠けている部分を埋めていくことを期待している。

四　「地域基礎」の現在と課題

二〇〇八年度に始まった地域基礎Ⅱ「東南アジア研究入門」の授業は二〇一一年度まで続けられた。その間、担当教員の意見や学生からの反応を参考にして、改善を加えてきた。歴史に関してとくに大きく変わったのは、開講時期が二学期から一学期に移動したことである。当初は、一学期で東南アジアの現在を学び、二学期で過去に遡って詳しく学ぶという方針であったが、実際に授業をおこなってみた結果、あらかじめ東南アジアの歴史を学んだあとで東南アジアの現状を学ぶという構成のほうが教えやすいという結論になったからである。このような運用の経験を踏まえて改善を続け、一定の形がみえてきたところで、二〇一二年度に東京外国語大学は、外国学部を言語文化学部と国際社会学部の二学部に改編するという大きな変化を迎えた。

二〇一二年度の改編の背景には、先述した三つの領域のうち、学問的専門領域が受験生からみえづらいという判断が大きく影響している。外国語学部である限り、受験生はどの地域のどの言語を選択するかという観点をもってしか受験しない。言語文化学部と国際社会学部に分けることで、どの学問的専門領域を選択するかという観点をもっての受験が増えるはずという判断である。

むろん、言語を通じて地域の文化と社会を学ぶことには変わりがないから、初年次の地域基礎は、外国語学部と変わることなく両学部の学生たちが共通して学ぶ科目として存続した。しかし、二学部改編とともに進められたカリキュラムの改編は、地域基礎の運用に深刻な影響をおよぼすことになった。というのも、初年次対象の新しい科目の創設にともなって、地域基礎の科目数はそれまでの八単位から六単位に減らされることになったからである。そのため、地域基礎Ⅱの授業は、通年三〇週から一学期の一五週に短縮された。さらに、二〇一五年度からは、海外留学の便宜を図るための春・夏・秋・冬の四学期制(クォーター制)の導入により一学期の授業数が一三週に減った(不足分はアクティブ・ラーニングなどで補う)。このため、現在の地域基礎Ⅱでは、ガイダンスと地理に一週間、考古学に一週間、歴史に二週間、政治と経済、宗教と社会、文学と表象文化、言語にそれぞれ二週間、学期末の総括に一週間という割当てをおこなっており、歴史の時間は当初の半分に減少している。

このような変化に対して、残念ながら東南アジア関係の教員は組織的に対応することができないでいる。学部改編という大改革に対応するだけで精一杯だったという事情もあるが、二学部制になって、教員の所属が二分されただけでなく、課程という単位が消滅したことで、地域言語(改編にともないこれまでの専攻語を改めた呼称)を超えた話し合いのための公的な枠組みがなくなったことも要因の一つと考えられる。ただ、このような逆風のなかでも、地域基礎Ⅱの講義をもとにして、大学初年次の学生を主たる対象とした教養レベルの教科書『東南アジアを知るための50章』(今井昭夫編集代表・東京外国語大学東南アジア課程編、明石書店、二〇一四年)としてまとめることができたのは、成果といってよいだろう。

いずれにしても、東京外国語大学での初年次における東南アジア史概論の教育一つをとってもいまだ改善すべき点は多い。とくに、周辺地域との関連性を考えるグローバルな視点の導入や、地域言語の教育で扱われる個別の地域の歴史との接続は、当初から意図されていながら、まだ十分には実現していない。このためには、白紙版年表のサイズを大きくして左右の余白を増やし、周辺地域との関連性についての学生の自主的な学習を促すといった工夫や、地域言語の教員との連携を密にすることで、地域基礎と地域言語での歴史教育の相互参照を可視化するといった努力が必要とされるであろう。超構造化された見取り図を学生に示すという基本方針が適切であったという判断には今も変わりはないが、二〇〇八年度の地域基礎Ⅱの立上げから八年を経た現在、これまでの実践の経験を踏まえたうえで、新たな東南アジア研究入門、新たな東南アジア史概論のあり方を、再び東南アジア関係の教員が結束して組織的に考えるときがきているように感じている。

これに関連していえば、今後の見直しは、学会の動向や高校世界史教育および大学入試の変化などとも関連づけて進められるべきであろう。二〇一一年の日本学術会議の提言「新しい高校地理・歴史教育の創造」では、高校における思考力育成型の教育を促進するために、関連学会および大学の研究者に対する提言として、世界史・日本史の重要用語を厳選するガイドラインの作成や、このようなガイドラインの範囲内で作成された思考力育成につながる大学入試の出題があげられている。これを受けて、筆者が所属する東南アジア学会では、教育・社会連携担当理事を中心に、世界史における東南アジア関連用語の厳選と用語解説の作成を進めている。さらに、東京外国語大学においては、科研費研究プロジェクト「地域研究に基づく「世界史」教育の実践的研究」(二〇一三〜一五年)において、高校教育を踏まえた大学入試のあり方や大学における教養教育としての歴史教育の再構築を模索しているところである。地域基礎における東南アジア教育も、これらの取組の成果を反映させた形で刷新を図っていきたい。

◆参考文献

今井昭夫編集代表・東京外国語大学東南アジア課程編『東南アジアを知るための50章』明石書店、二〇一四年
東京外国語大学史編纂委員会『東京外国語大学史——独立百周年(建学百二十六年)記念』東京外国語大学出版会、二〇〇〇年
[日本学術会議 二〇一一] 日本学術会議史学委員会高校歴史教育に関する分科会「提言 新しい高校地理・歴史教育の創造——グローバル化に対応した時空間認識の育成」(http://www.scj.go.jp/ja/info/kohyo/division-15.html)

グローバル・ヒストリーの担い手
――新しい研究者養成と学界の課題

水島　司

一　歴史学の困難さと魅力

歴史学とはいかにも厄介な学問である。

歴史学の醍醐味は、ディテールのなかから大きな時間の流れをつかみとることにある。しかし、そこには大きな流れを把握するためにディテールに分け入らなければならないといういわば正反対の要素が含まれ、その両方をつねに追わなければ歴史学は成立しない。しかも、歴史に正解はなく、対象とする時代、テーマについて、見てきたような嘘をつくことが歴史学に携わる者の宿命であり、にもかかわらず、その嘘を限りなく真実に近づけるための研究と情報の積重ね、手立ての修得も課されるからである。

本章で私に課された課題は、グローバル・ヒストリーの担い手を育成するために大学でどのようなカリキュラムの組み方が必要であるか、他のディシプリンでの取組をどのように歴史学に組み込むか、そして、こうした方向に学界はどのようにかかわるべきかについて私見を述べよというものである。これらの問題を論ずるには、あらかじめ私自身が歴史学の意義をどのように考えているかを述べておかなければならないだろう。

私は、歴史学の意義は、「大きな時間的な流れ」と「それまで形成されてきた構造」のなかで、そこに生を受けた自分の位置を定かにし、未来への展望を得るための人類の知恵の総体を示すことにあると考えている。この場合の「大きな時間的な流れ」とは時系列的な動きの総体であり、「それまで形成されてきた構造」とは、同じ時間を生きる一人一人が生きる空間と他の諸空間との関係の総体を意味する。このように考えると、様々な諸現象を削ぎ落とし、事象間の一対一の関係を探求しようとする自然科学とは対照的に、歴史学とは、膨大な知恵の集積体を扱おうとするきわめて困難な(というよりは実現不可能な)学問領域であるようにみえる。

このように厄介で不可能な歴史学の本性は、しかしそれに携わろうとする者にとって、大きな魅力でもある。歴史学をめざす者にとっての歴史学の魅力、醍醐味は、時系列的な動きの総体、人が生きる空間と諸空間の関係の総体への歴史観を背景にしながら、自身が重要だと考える事象を選び出し、その時系列的な動き、空間の広がりと構造に着目し、そのディテールに深く入っていく作業によって従来の歴史認識を破壊・解体し、あるいは再構築し、現在と将来に対する自身と世界の生き方を変えていくことにある。この場合、ディテールであれ大きな流れであり、その捉え方、描き方、議論の仕方のいずれにおいても、研究者は自身の個性を前面に出すことができる。しかも、そこでのたんなる個性は、歴史学の場での議論によって淘汰され、共通の認識となっていく可能性さえもっている。

このような歴史学の困難さと魅力を前にして、自身の歴史観を鍛えながら対象に向かうとき、既存の研究にいくつもの歪みがみえてくるはずである。そうした歪みが、たんに史実の間違いであれば、修正すればよいだけである。しかし、より根本的な歪みは、史実そのものではなく、史実を見る目のほうにしばしばある。深刻なのは、その歪みが、えてして現在の世界の構造と自身が拠って立つ地点の見定めを不可能にしてしまうことにある。

我々が引き継いできた歴史学とそれが生み出してきた歴史観に、現在と将来を見通すための最大の障害となる歪みが何であるかと問われれば、私は、それは近代の世界を覆ってきたヨーロッパ中心史観であり、それに引きずられている日本の歴史学であろうと思っている。ただし、十八世紀半ばから二十世紀半ばまでの世界史を、ヨーロッパを中心として描くこと自体には私自身は違和感をもっていない。問題は、それを、二十一世紀を担う世代に、今現在生じている変化に無頓着なまま伝える体制が日本で強固に維持されていることである。

ヨーロッパを中心として近代をとらえるという歴史観が、オランダやイギリスなどの北西ヨーロッパ勢力が近代世界の構造を形成したという事態に根拠をおくものであることは間違いない。世界をどうみるかというとき、十六世紀以来、大西洋からインド洋、さらには太平洋にかけて質量ともに圧倒的な形で活動を拡大していったヨーロッパ地域が、十八世紀半ば以降の技術革新を経て近代世界を構造化していったという点については、それを否定することは難しいであろうし、また、そうした近代世界のあり方が歴史教育や歴史研究のなかで再生産されるのはしかたのないことであろう。

しかし、そのようなヨーロッパを主役とする歴史認識の再生産構造には、解決すべき二つの問題が存在する。第一は、ヨーロッパの覇権のもとにおかれざるをえなかった地域の人々が、そうした構造のなかで果たした主体的な役割を、どのように歴史認識のなかに組み込むかである。支配される者、従属する者として描かれるこうした人々――その多くは日本がその一部をなすアジアやアフリカに生きる人々である――は、近代世界像のなかで、歴史を切り拓く主体と位置づけられることはない。しかし、平和が数々の犠牲のうえに築かれ、その平和が大切なものであればあるほど、犠牲の一つ一つの意味を我々は確かめなければならないのと同じように、歴史が支配する者だけの歴史で終わってよいわけはない。第二は、この第一の問題と連関するが、近代の世界構造のなかで隷属状況にあったいくつかの地域、例えば東南アジア、中国、インドなどが、二十世紀半ばを分水嶺として現在にいたるまで目を見張るような経済成長を遂げ、その一方でヨーロッパの経済的凋落《ちょうらく》が進行してきているという事態、そして、その結果として二十一世紀の世界の地域バランスが大きく変わってきているにもかかわらず、ヨーロッパを中心とした近代世界の構造を基本とする歴史認識が日本の歴史教育、歴史研究の場で一貫して再生産されていることである。

このように、世界の構造転換過程がすでに半世紀以上にわたって進んできたにもかかわらず、二十一世紀に入った現時点でも、二十世紀半ばの歴史観をそのまま継承し、あるいは現在の世界のあり方を無視して歴史教科書が書き続けられ、若い世代を育て、現在および将来に対する我々の生き方と考え方に大きな影響を与え続けていることが、現在の日本の歴史学の最大の問題であるといえよう。さらに付け加えるべきは、謂《いわ》れないアジアへの蔑視観、差別感と、同じく謂れない欧米崇拝が、このような歴史教育のなかからつねに生み出されてきていることである。

二　グローバル・ヒストリーのうねりと大学での歴史教育

近年、欧米の歴史学会や、そこに参入している多くのアジア系の歴史研究者を中心にして、グローバル・ヒストリーの大きなうねりが生じていることは周知の事実である。日本でも、本書を編んでいる大阪大学の研究者をはじめとする歴史研究者が、グローバル・ヒストリーに取り組み、注目される成果を生み出し始めている。また、欧米で生み出されている研究が続々と翻訳出版され、歴史研究者の枠を大きく超えて、広く人々の関心を集めるようになってきている。

グローバル・ヒストリーをめぐるこのような活況は、たんに、従来の一国史への物足りなさからだけ出てきているのではない。現在めざましい勢いで生じている変化が、いま一度国家の枠を超えた歴史認識を求めているからである。二十一世紀に生きねばならない多くの学生が、世界の歴史の流れと現在生じつつある世界の構造変化について何も学ばないまま、あるいは自己の足下の揺らぎに対して日本の歴史だけに閉じこもったまま、マスコミやインターネットなどで与えられる細切れの知識だけをもって生きようとすることに警鐘を鳴らす義務は、広く歴史学関係者全体のものであるはずだ。

本題に戻ろう。先に述べたように、歴史に携わる者は、ディテールへの深い知識と、大きな流れへの巨視的な見方の両方を同時に身につけなければならない。皮肉なことに、このことが高校教科書の用語の増減問題や、ディテールに突き進んだ場合の煩雑さと高校生の世界史離れという現象を引き起こす原因であることは容易に想像がつく。これはしかし、本章の冒頭から述べているとおり、歴史学の宿命である。

高校世界史教育の場合、世界史の大きな流れを把握し、場合によってはディテールも知りたいという欲求に応えることだけが目的であれば、例えばこれまでの世界史叙述に、二十世紀半ば以来の構造変換の過程と、従来の世界観の由来とそれを転換すべき理由を加えた「現在の世界とその構造」あるいは「新たな世界史の展開と世界史認識」というような章を入れる、さらには、電子教科書を用い、基本的な事項だけが表面にあらわれ、ディテールについてはクリックすることでさらに内容を掘り下げることができるような技術を駆使することで対応が可能であろう。しかし、本書の他の章でも指摘されているように、そうした技術的な問題では解決できない、世界史を学び考えることの意味をいかに伝えるかという、より根本的な問題がある。限られたページ数を工夫して、世界の構造変化を学ばせればすむというわけではない。

高校での世界史教育のあり方は、本章の課題ではないのでこれ以上の言及は避ける。では、大学での歴史教育はどのような形であるべきか。歴史のディテールと巨視的な歴史——ここでは、後者をグローバル・ヒストリーと呼ぼう——の両方を同時に身につけるには、どのような教育システムが具体的に考えられるのか。

歴史のディテールは、自ら多くの原資料に取り組み、そこから論理を組み立てる営みのなかでしか身体化することはできない。したがって、ディテールを深めるには、基本的には地域史についての長期の取組が不可欠である。したがって、歴史のディテールと巨視的な歴史の両方を同時に身につけるという場合、具体的には、地域史とグローバル・ヒストリーの両者に取り組まないといけないことになる。したがって、このことを大学院教育で実現するには、地域史かグローバル・ヒストリーかというような二者択一ではなく、両者のバランスがとれたカリキュラム編成をおこなうことが必須となる。

時間の順に、学部教育、大学院修士課程、同博士課程の順に述べるとすれば、まず教養課程を経ての学部教育では、主専攻と副専攻という形式がよいであろう。歴史学科の下に日本史・西洋史・東洋史などの既存の研究室体制を維持した地域史の学科をおき、主専攻は歴史学科、副専攻は日本史・西洋史・東洋史というような地域史の学科とする。したがって、この学部教育段階では、歴史学一般と語学を含めた専門的な地域史の基礎訓練がおこなわれることになろう。

つぎに、歴史学の専門家を育成することにつながる大学院でも、主専攻、副専攻という考え方を踏襲する。修士課程では、すべての学生に、地域史を主専攻、グローバル・ヒストリーを副専攻とさせ、対象とする地域の歴史のディテールを掘り下げながら、そのディテールがグローバル・ヒストリーの研究のなかにどう位置づくのかについての問題意識を深めさせる。続く博士課程では、二つのコースを設ける。第一は、地域史を主専攻、グローバル・ヒストリーを副専攻にするコースである。これは修士課程の体制の延長となる。特定地域の専門家を育てることを主たる目的としたコースである。もう一つのコースは、グローバル・ヒストリーを主専攻に、地域史を副専攻にするものである。これは、地域史への深い理解を基礎にしたグローバル・ヒストリーの専門家を養成することを主眼としたコースである。学生は、この二つのコースのいずれかを選択できることになる。いずれのコースも、歴史学を専門としようとする者は、歴史のディテールに対する深い知識なしには、歴史観に紛れ込んだ歪みに気づくことはできず、したがって歴史観を再構築し、巨視的な視点を築くという歴史学に課された最も重要な役割を果たすこともできないという考え方に基づくものである。

かりに、このような制度設計に障害があるとすれば、それはグローバル・ヒストリーを教えることができる教員の確保が可能かどうかという点である。すでにポストを得た歴史学の教員が脱皮し、従来の研究領域をグローバル・ヒストリーに積極的に結びつけていく姿勢が不可欠である。

三　ディシプリンの統合――GISを用いる試みと学界の役割

つぎに、本章の第二の課題である、他のディシプリンでの取組をどのように歴史学に組み込むか、そして、こうした方向に学界はどのようにかかわるべきかという問題について私見を述べたい。

世界史とグローバル・ヒストリーの異同についてはいくつかの見解があるようだが、私自身は、世界史が基本的に人類を主体としたものであるのに対して、後者は地球の一部として人類を位置づけることに特色があるとみている。そのため、グローバル・ヒストリーでは、地表変化、気候変化、作物変化、資源、病原菌などの様々な環境要因だけではなく、生物としての人類の肉体、健康、寿命、食物、空間分布なども対象として取り上げられることになる。近年日本でも広く読まれるようになっているグローバル・ヒストリー関係の書物が、しばしば自然科学系の研究者の手になるものである理由もそこにある。

このようなグローバル・ヒストリーでのテーマの広がりは、歴史研究者が自然科学系の研究成果を学び用いるというレベルまでであれば、従来の歴史学の体制でもある程度は対応可能かもしれない。また、自然科学系の研究者自身が、今欧米で動いているように歴史学への関心を深める事態が進行すれば、これも進展が期待できる。しかし、本格的に自然科学系の研究者と歴史研究者との協同、いわゆる文理融合の研究を進め、そうした動きを加速しようとの試みに携わろうとすると、私自身の経験では、かなりの難しさを経験することになる。それは、本章の冒頭で記したように、両者のアプローチが根本的に異なるからである。また、自然科学が明らかにしている個々の事象を総合して歴史研究を深めるという手立てが、歴史学のほうにまだ整備されておらず、他方自然科学系の研究者の間でも、積極的に研究対象を歴史学と統合させていくことに関心がないからである。

このような現状を、大学の研究教育体制の問題として考えた場合、現在いくつかの大学で試みられているような文理融合型やリベラル・アーツ型の学部体制にも意味はあろう。また、アジアを対象とする研究者コミュニティー(大学院生も含む)が現在多くかかわっている活動として、いわゆる地域研究関連の各種プロジェクトもある。歴史研究者がしばしば地域名がつく学会の構成員となっているのは、歴史学が地域研究との融合性が高いという事情を物語っている。そもそも、先に指摘したように、歴史学は対象とする地域の過去の動きに対する総合的な理解を希求するものであるから、当然のことといってもよい。それらの各種プロジェクトや地域名がついた学会で、歴史学と自然科学系の研究者がきちんと成果を出し合えるような体制ができていれば、そこからも新たな歴史学の成果が生まれることは期待できる。近年の京都大学を中心とした地域の個性を重視した地域研究もそうしたものの一つであろう。

このような試みに関して、私が懸念しているのは、一つには専門性を欠いた物知り型の地域研究者のみが増えていくことである。しかし、そのことよりも重要で、かつ解決可能だと思うのは、様々な専門性を有した研究者の成果を統合していく手立てが確立されていない、もしくは共有されていないという問題である。様々なディシプリンから見出された情報を、自らの専門領域とは異なる研究者に対しても理解できるような形で提供し、それらの提供された情報を蓄積し、きわめて簡易な形で活用できるような手立てをいち早く整備し、共有していくことが、歴史学の活性化に不可欠なのではないか、そこへの情報提供とそこからの情報利用が、例えば小学四年生(十歳以上というくらいの意味)でも可能な形となれば、いわゆる参加型のシステムとして機能し、歴史への関心の広がりが期待でき、さらには、歴史のディテールと総合化という歴史学の特性をも大きく伸ばすことができるのではないか。

この点に関して、私が注目し、コミットしているのが、ＧＩＳ(Geographical Information System/Science 地理情報システム／科学)を基盤にしたグローバル・ヒストリー研究である(グローバル展開プログラム「アジア歴史空間情報システムによるグローバル・ヒストリーの新研究」http://www.l.u-tokyo.ac.jp/ahgis/index_j.html)。これは、様々な事象が生まれる歴史空間を緯度経度の座標をもつ点・線・面で表現し、空間(地図)のレイヤーとする、そしてそれらのレイヤーに時間というもう一つの次元を与えることにより、歴史変化を解明する情報基盤を蓄積しようとするものである。なぜ地図かといえば——もちろん地図のなかに文章を埋め込むことは可能である——、それがある事象を明確に表現し、最も理解しやすい形で伝えることができる方法の一つだと考えるからである。

ここで狙っているのは、歴史学にかかわろうとする者が、時間情報をもつ膨大なレイヤーのなかから自らの関心に従ってレイヤーを選択し——そのような時間・空間情報をもつレイヤーを簡便に検索できるシステムはすでに用意されている——、それらを利用しながら自身の世界観を組み立てることに資するようなデータベースの形成である。いわば、歴史学のウィキペディアのようなものであるが、違いは、それらのレイヤーが緯度経度を座標としたニュートラルな性格が強く——もちろん、個々のレイヤーは、それぞれが作成する者の歴史観を表現するものともなりえ、したがって作成者の論理、イデオロギーが組み込まれる可能性が十分あることは指摘しておくべきであるが——、自然科学系の成果も組み込みやすいということであろうか。いずれにせよ、地球上に生じた過去の様々な変化、まさにグローバル・ヒストリーをつねに再構成していくことが可能なディテールを、自然科学系の研究者をも含めた世界中の研究者が提供することを通じた膨大なレイヤーの蓄積、そして、地域史研究に携わる者が、対象とする空間と時間の位置をそれらの蓄積のなかで確認しながら自身の研究の意味を意識でき、今日存在するような地域史とグローバル・ヒストリーの乖離の問題が解消するようなシステムの構築、それこそが、私が期待し、実現したいと思っているものである。

じつは、こうした一見夢物語のような期待を口にすることができるようになったのは、GISをめぐる近年の急激な環境の変化である。つい十数年前までは車が軽く買えるほど高価であったGIS関連のソフトウェアは、現在では手軽に入手できるまで価格が下がり、場合によっては無料で利用できる優れたもの(Q-GIS〈http://qgis.org/ja/site/〉など)も出回っている。難解で有名であったソフトの操作も、かつてと比べれば格段に簡単となってきた。さらには、以前は基本として使うベース・マップ(白地図のようなもの)は、かなりの時間をかけて自ら作成しなければならなかったが、現在ではそのまま利用できる無料の地図がウェブ上でいくつも用意されている。例えば、GADM(Global Administrative Areas: http://www.gadm.org/)は、ほぼサブ・ディストリクト(郡)レベルまでの世界各国の行政界を面(領域)のファイルとして提供し、NGA(The National Geospatial-Intelligence Agency: https://www.nga.mil/Pages/Default.aspx)は世界各地の重要地名を点のファイルとして提供している。いくつかの国々に関しては、より下のレベルまでのベース・マップも用意されており、例えばインドについては、India Place Finder(http://india.csis.u-tokyo.ac.jp/)が、行政村の下の自然村までの地名九〇万余りを直接五万分の一の地形図から取り出し、緯度経度を添えた情報として提供している。国によってはまだ詳しい情報が得られない場合もあるが、おそらく今後急速な勢いで無料のベース・マップが提供されるようになるであろう。

また、そうしたＧＩＳベース・マップだけではなく、自身が扱う史料のなかに出現する地名がどこにあるかを示す地名検索システムも用意されてきている。グーグルマップもそうした例の一つである。地名の綴りのぶれへの対応としては、前述のIndia Place Finderでは、音声処理システムが用いられ、綴りよりも音で、より蓋然性の高い地名候補をグーグルマップ上で示すという方法がとられている。多言語検索システムも次第に整備されつつあるが、世界の各地域を対象とする歴史関係者や言語学者などが知恵を出し合い、どのような言語であれ、世界全体の歴史地名検索がおこなえるような多言語検索システムを完成させなければならない。なお、絵地図、古地図などを現在の地形に接合し、実際の空間に近い形にもってくる方法も格段にやさしくなっている。歴史関係者がＧＩＳを利用する状況が劇的に変化したのである。

すでに繰り返しているように、このような情報基盤に歴史関係者がたんに消費者としてかかわるとしたら、状況の進展は期待できないであろう。例えばグーグルマップでは現在の行政に用いられている地名しか検索することができない。町村合併や行政界の変更など、現時点の状況とはまったく異なる状況が我々の過去には埋め込まれている。地名がいろいろと変化するだけではなく、各種言語からの翻字がまちまちの場合も多く、グーグルマップには出てこない、歴史的な地名がしばしばある。過去に遡って用いることのできる地名検索システムの作成には、多くの歴史学関係者の協力が必要なのである。歴史研究者が力を合わせ、対象とする時代に近い地図を見出し、そこから多くの地名を拾い上げ、それに緯度経度情報をつけて提供すれば、ヒット率の高い検索システムを構築することが可能となる。

このような多くの協力の必要性とそこから期待される成果を考えると、歴史学関係の学界が果たすべき役割はきわめて大きい。というより、これをなしうるのは歴史学界でしかない。また、いったん以上のような環境が整備されれば、たんに歴史の専門家だけではなく、多くの人々が自分たちの過去に興味を抱き、歴史学の裾野を拡げることにつながり、最終的には歴史学の活性化が図れるはずである。

最後に、このようなＧＩＳを基盤としたグローバル・ヒストリーを私が推進しようとしているもう一つの狙いを述べて本論を終えたい。周知のように、おもに欧米を舞台として、欧米へおもな研究の場を移したアジア系の研究者を交えながら、従来地域史で業績を残してきた歴史学研究者が雪崩を打ってグローバル・ヒストリー関連の研究を発表するようになってきている。しかし、それらの成果の大半は、残念ながら欧米地域から主たる材料をとっている。私が現在コミットしている共同研究のテーマは、先にも紹介した「アジア歴史空間情報システムによるグローバル・ヒストリーの新研究」というものであり、Gis-based Global History from Asian Perspectives という英訳をつけている。なぜ from Asian Perspectives という語をつけたかといえば、ヨーロッパに比してのアジアの歴史情報の蓄積の遅れが、グローバル・ヒストリーのなかに、意識するとしないとにかかわらず、ヨーロッパ中心史観と呼びうるものを生み出しているとの問題意識からである。

ヨーロッパでは、各国の研究機関が協力し合って歴史情報を積み上げるという試みが一〇〇年以上前から試みられてきたようである。例えば、オランダの歴史家ファンザンデン(Jan Luiten van Zanden)を中心としていくつかの大学が協力している Clio Infra (http://www.clio-infra.eu/datasets/indicators)では、この二〇〇年間を中心にして過去五世紀にわたる全世界のおもな歴史指標をきわめてわかりやすい図表の形で提供し、なおかつその元データまでもダウンロード可能な形で提供している。また、台湾では、Academia Sinica(中央研究員)が中心となり、様々な古地図のデジタル化とＧＩＳ化が進められ、一般の利用に供されている。日本では、人間文化研究機構のもとの各機関で資料のデジタル化が進められ、利用できる形になっている。しかし、私が期待しているのは、このような特定の機関が主導するようなものではなく、広く歴史研究者がかかわるものである。例えばイギリスのUK Data Archive(http://www.data-archive.ac.uk/)では、歴史学ですぐにも利用できる多くのデジタル資料が多数の研究者から提供され、広く利用できる体制が整備されている。日本でも、というよりもそうした国の枠を超えて、各国の歴史研究者が蓄えてきているはずの各種情報を集積し、利用に供する体制をぜひともつくるべきである。それを可能にする技術的基盤は、ＣＫＡＮ(http://ckan.org/)に代表されるように、じつはすでにできあがっている。私は、台湾のAcademia Sinicaの技術的協力を得て、こうした基盤を広く普及させていくためのアジア各国の研究者の協力体制を築こうとしている。まだ初発段階であるが、何とか実を結び、歴史学、とりわけアジアの歴史学の活性化が図れればと期待している。技術はすでにある。欠けているのは、情報を蓄積することへの歴史学者の関心であり、学界の熱意である。

おわりに

本章では、グローバル・ヒストリーを大学の歴史教育システムのなかでいかに実現するか、グローバル・ヒストリーの研究基盤を蓄積するためにＧＩＳがどのような役割を果たすか、ＧＩＳインフラの上にアジア諸地域の歴史情報を蓄積することがグローバル・ヒストリーと地域史研究を発展させるためにどのような意味をもつかについて論じてきた。この試みの成否は、繰り返すが、多くの歴史研究者がそうした試みのなかに参加し、保有する歴史情報を互いに提供し、それを利用に供する体制ができるかどうかにある。そうした動きを進める不可欠の契機は、GISを駆使し、GISでしか可能にならない優れたパイロットスタディーを多く生み出すことであろうことも認識している。私がかかわるアジア各国の二〇名以上の歴史GIS研究者グループでは、現在、大河デルタを中心とした耕地開発と人口変動、疫病の伝播と都市プランニング、個別企業の活動ネットワーク、交通インフラの進捗と交易の拡大、移動と都市形成その他のテーマに懸命に取り組んでいる。GISを共通の基盤とした成果が多数生み出され、多くの歴史研究者がその成果を共に蓄積していくことによって、現在とこれからの世界をも見渡すことのできるバランスのよい世界観が生まれ、広く共有され、それによって我々の過去と未来に対する深い洞察力を身につけた世代が育っていくことを切に願っている。

◆参考文献

小谷汪之『マルクスとアジア』青木書店、一九七九年
小谷汪之『共同体と近代』青木書店、一九八二年
杉原薫「「東アジアの奇跡」と資本主義の行方」『経済セミナー』第六〇九号、二〇〇五年
A・G・フランク（山下範久訳）『リオリエント——アジア時代のグローバル・エコノミー』藤原書店、二〇〇〇年
水島司・柴山守編『地域研究のためのGIS』古今書院、二〇〇九年
水島司編『グローバル・ヒストリーの挑戦』山川出版社、二〇〇八年

水島司『グローバル・ヒストリー入門』山川出版社、二〇一〇年
マッシモ・リヴィーバッチ（速水融・斎藤修訳）『人口の世界史』東洋経済新報社、二〇一四年
Maddison, A., *Monitoring the World Economy 1820–1992*, Paris, OECD, 1995.
Pomeranz, K., *The Great Divergence: China, Europe, and the Making of the Modern World Economy*, Princeton University Press, 2000.

第Ⅲ部　ひろがる連携

京都高社研の高大連携活動から

庄司 春子・毛戸 祐司・後藤 誠司

はじめに

高校での歴史教育が様々な問題を抱え、行き詰り、曲がり角を迎えている。問題の奥に何があるのか、曲がり角でどの方向に進むのか、方向転換を実現するにはどう協力し合えばいいのか、今進めようとしている歴史教育改革は、高校側が大学と連携して取り組まなければならない当面の最も重要な課題である。

教員としての数十年という少し長い目で見ると、働き始めた頃は大学や大学院で何を学んだか、とりわけどんな学び方を身につけたかが大きい。しかし一〇年、二〇年と教師をしながら、一人で学び続けることはとても難しい。集団の営みとして教師たちが学び続けなければ、彼ら自身の歴史認識を深める歩みは止まり、歴史研究の成果が教育に反映される道も狭まってしまう。研究が社会から求められている新しい歴史像を描いても、それを学ぶ教師集団がいなければ、熱心な読者以外に広く社会に還元されるだろうか。例えば新しい授業方法や新科目が斬新な研究を促すような「教育から研究へ」の道筋も、教えながら学び続ける教師たちと、彼らとの連携に積極的な研究者たちがいてこそ開かれる。

研究会の出発点を振り返り活動の原点を確認したうえで、おもに長く学び続ける営みと当面の歴史教育改革にかかわる京都高社研の活動を、高大連携の一例として報告する。

一　京都高社研と阪大歴教研

京都高社研について

京都高等学校社会科研究会(以下、京都高社研と略)は、歴史・地理・公民の三部会を擁し、京都府下の国・公・私立高校の社会科教員で構成する研究団体である。年四回の研究会(春季総会・研究大会、夏季学習会、秋季研修会、部会総会)を開催している。

京都高社研が設立された一九四七年は教育の新制度が発足する時期で、この研究会も新しい教育に対する教員たちの意気込みのなかで誕生した。研究会設立に尽力し、初代の副会長を務めた横山正幸はこう回想している。この年「〃新生日本〃の基本を定めた憲法と教育基本法・学校教育法が施行され、四月から新制中学が発足し(中・女学校では、下級の二・三年生が併設新制中学生に切り換えられた)、更に新しく学習指導要領(試案)が発表され、〃新教育〃が本格的に始動した中で、いろいろな分野で全国の民主主義運動の先頭に立っていた京都では、教育の民主化に最も先進的だった」「社会科研究会結成の動きも」「九月からの新制中学の「社会科」授業開始を契機に、他教科に先駆けて一挙に盛り上がったものだった」。九月初めに第一回準備会を開いたのち、隔日くらいに集まり、「連続する停電に蠟燭を灯して夜おそくまで、空き腹をかかえて会議や仕事をした」という。研究会の名称については、新しい「社会科」の発足を先取りして「社会科研究会」とすることに一致した。横山は会名について、「私たちの研究会は府下最初、唯一の比類ない研究会なので、「社会科研究会」名を独り占めして当然である」と述べている。九月末までに準備が終了したが、当時は研究団体結成についてGHQの事前承認を得なければならなかった。横山らは当時府庁本館にあった京都軍政部を訪ねて許可を得るという苦労を経て、「十月十四日、待望の結成総会を一商の講堂で開催しました。郡部を含めてほとんど全部の公立中等学校の代表が参加してくれて、非常に盛会でした」。「講演はなく、法経・歴史・地理の三領域から、それぞれ代表選手式に各領域の教育の民主化・科学化の抱負・構想を熱っぽく述べ、「社会科」を〃新教育〃の中核・先導教科として研究・実践を進めていくことを誓いあった」という［横山 一九七八］。翌一九四八年四月の新制高校の発足とともに、名称は現在の「京都高等学校社会科研究会」となった。

この設立当初の研究会員の意気込みは、その後一九五二年に出版された教科書『一般社会』にもみることができる。一九五〇年編集発行した時事問題教科書『社会科時事問題解説事典 一九五〇年』に続き、京都高社研が編集したこの教科書では、中学校で履修した「社会科学習の基礎の上に立って現代の民主主義社会における基本的問題を深く理解し、有能にして教養ある社会人として生活し得る素養をつくることを目標」とし、生徒が「二年以後において、「一般社会」の分化発展としての日本史・世界史・人文地理・時事問題などを選択学習する基礎を与えるもの」としている。ここでは〃社会科〃が、将来の社会人として自立するうえでの基礎を養うものであるとの認識と自負を見て取ることができる。

その後京都高社研は前述の年四回の研究会での研修、実践交流のほか、つぎのような活動に取り組んできた。憲法に基づく教育の創造という研究活動方針に基づき、一九五七年から始まった「平和憲法記念京都高校生のつどい討論集会」の主催団体に名を連ね、助言者として支援するなど、平和で民主的な社会の形成者・主権者の育成を重視してきた。また京都という貴重な地域教材をもとに修学旅行生対象の京都ガイドを作成したが、二〇〇〇年代にはたんなる観光ガイドではなく、平和や人権など会員各自の問題意識による京都案内として、『京都に強くなる七五章』(二〇〇〇年)、『続・京都に強くなる七五章』(二〇〇五年)を編集・出版した。これは京都新聞などマスコミ各紙に紹介され好評を博した。また一九九〇年代半ば以降会員たちのアジアへの関心が高まり、現地体験の成果として『アジアに強くなる七五章』(一九九四年)、『新・アジアに強くなる七五章』(二〇〇三年)を出版、また研究会としても一九九八年に韓国で現地の社会科教員と合同研究会をもったことを皮切りに、台湾研修旅行(二〇〇一年)、ベトナム研修旅行(二〇〇七年)を実施し、アジア近隣諸国の教育関係者との交流にも取り組んできた。

京都高社研と大阪大学歴史教育研究会との関わり

大阪大学では二〇〇三年から四年間、二十一世紀COEプロジェクト「インターフェイスの人文学」の一環として「全国高等学校歴史教員研修会」が開催された。参加の条件には「各都道府県の高校社会科研究会ないしそれに準じる機関・団体の推薦を受けたもの」とあり、京都高社研から二〇〇三年に六名、以後毎年数名ずつ参加した。研修会は主として大阪大学の教員による講義形式でおこなわれ、グローバル・ヒストリーのなかでの日本史の位置づけなど最新の歴史学研究の成果を高校教育に反映させ、歴史教育を刷新することを主眼としていた。研修会参加者はいずれも第一線の歴史研究者から最新の歴史像を学べる貴重な機会と受け止めて、各自の参加報告は高社研の年次報告冊子に掲載された。そのなかには学んだ最新の研究成果を授業にどう生かすか、という点で戸惑いや課題を指摘する意見も少なからずみられたが、大学卒業後は独学以外学ぶ場のない高校教員にとり数少ないリカレントの機会であったといえる。京都高社研としても報告冊子のほか、定例研究会での実践報告などで研修成果の還元に努めた。

二〇〇五年十月に大阪大学歴史教育研究会が恒常的な研究組織として設立されたが、その月例会に京都高社研の会員も参加している。月例会では研究者や院生の発表のほか、高校教員の報告やアジア世界史学会(AAWH)に向けての取組などがおこなわれている。二〇一二年におこなわれたアジア世界史学会・第二回ソウル大会では、京都高社研の教員が大阪・神奈川の高校教員とともに「一九世紀のアジアの歴史を教える」と題するパネルを設けた。二〇一五年の第三回シンガポール大会でも、大阪・東京の高校教員とともに、「アジア史をどのように教えるか」のパネルを設け、報告した。

このように阪大歴教研は、全国各地の社会科研究団体のネットワークの中心としての役割も果たしており、各地の研究会、催しの案内を会員に発信し全国的な交流を促進している。京都高社研からの案内も阪大歴教研を通じて全国の会員に紹介されることによって、他府県の熱心な教員の参加が増え、それが研究会の活性化につながっている。こうした地域を超えた横のつながりにおいても、阪大歴教研の貢献は大きい。

二　世界史読書会の活動

世界史読書会

研究と教育とが分断されたことが戦前の歴史学の弱点であったという反省から、京都高社研が設立された頃の歴史教育は、歴史研究の最新の成果を取り入れるところから始まった。しかし研究と教育の距離は次第に広がり、研究者の側から、あるいは教員側から、両者を結びつけようとする様々な努力がなされたが、全体としては研究の成果を教育に活かすことが例外的になっていった。とくに冷戦終結以降一九九〇年代の研究の発展と変容についていくことができないと、私たちも感じていた。

一九九八年夏、京都高社研の有志数名が集まり近年の研究成果として『講座世界史』(歴史学研究会編)を読み始めたのが世界史読書会の始まりである。それから年一〇回弱のペースで一七年、例会は二〇一五年現在で通算一三八回を数える。毎回報告者を決め、論文の要旨をまとめたレジュメや参考資料を使って一時間程度の報告をする。報告を受けて、論文についての疑問、批判、補足、関連事項を二時間程度話し合う。二〇〇四年から参加している桃木至朗教授が、その論文の背景にある考え方などを説明することも多い。日頃の自分の授業を思い返し「今まではこう教えてきたが、この論文によるとこう変えなければ……」という意見もよくでるが、それを授業にすぐに反映させることが難しいことも、会を重ねるとわかってきた。『講座世界史』の論文を一〇本読んでも、授業のネタとして使えることは少ない。そしてこうした研究から求められているのは、今までの自分の歴史像を組み替えていくことで、それにはかなり時間がかかるらしいのだ。授業のネタといえば、二〇〇三年からの阪大での夏の研修会(研究会)では、全国から集まる教員のために講師の先生方が授業で使えそうなネタを多数用意していたが、それはとてもありがたいことだった。

「教育(授業)の改善のために歴史研究を学び直す」、しかしすぐに結果を求めず、また授業方法にも関心をもちつつ、軸足は教育内容におくという読書会のスタンスがこうして定まっていった。研究成果を取り入れるためのいわば補助線として、川北稔著の『ヨーロッパと近代世界』を読み、近代世界システム論を学んだ。先述の阪大の研修会に読書会から多く参加した頃からアジアの歴史への関心が高まり、また日本史・世界史二本立ての弊害が強く意識されるようになり、『アジアから考える6　長期社会変動』『講座東アジア近現代史』を経て、現在は『岩波講座　東アジア近現代通史』を読んでいる。

教壇で教えられるのは、今まで本で読み、人から聴き、現地へ行き、博物館で見たりしてきたことだけである。そして自分で考えて、それを他人に聴いてもらって、批判され評価されてきたことが、教育内容を考える支えになる。「学んで考えて話し合って」きたことのなかで、生徒にわかりやすく論理的に説明できることしか、教えることはできない。歴史研究を「学んで考えて話し合う」場は、歴史教員のいわば生涯学習の場として必要で、私たちにとって世界史読書会がその場であった。ところが土日も部活動の指導で忙しい先生たちが読書会に毎回参加するのは不可能で、小テストのチェックに追われる先生にも生徒指導に追われる先生にも、難しい論文を読んで読書会に行くゆとりはない。しかし今後「学んで考えて話し合う」授業をめざすなら、教師たち自身が「学んで考えて話し合う」場をもつことなしに、そうした授業を続けることは難しいであろう。職場の、あるいは近隣の学校から有志数名が集まる自主的な学習サークルがあちこちで始まり、それらを結びつけ積極的な大学などとつなぐ役割を各都道府県の教科の研究会が担い、教育行政としても教育運動としてもそれらを支援していく状況をつくりだすことができればと願う。

『世界史をどう教えるか』の活かし方

世界史の教育内容の学習会を今始めるなら、神奈川の先生方の『歴史をどう教えるか――歴史学の進展と教科書』をまず読みたい。現行より一世代前の教科書を検討対象としている点に注意は必要だが、現場の教員の側から歴史研究を学び直し、教科書の叙述の問題点や従来ありがちな説明の誤りや不適切さを明らかにしている点で類書がない。神奈川の先生方は教科書の章ごとに分担し、その章に関連する研究論文を『岩波講座世界歴史』などから探して数多く読み、最近の概説書にも目を通したうえで教科書叙述を検討している。かなりハードな努力の賜物であるこの本を読み始めると、自分の教えてきたことの誤りや古さを教えられ、世界史を教えるならまずこれを読むべきだと感じられた。

京都の世界史読書会でも、まずしっかり学ぼうと二〇〇八年春から輪読会をおこなった。その成果を阪大歴教研の第三三回例会(二〇〇九年五月)で報告し、それらをまとめ直したものが二〇一〇年九月『最新の研究成果を歴史教育につなぐ教材・教授資料の研究開発　成果報告書シリーズ三』として発行できたことは、高大連携の成果といえる。その過程で『世界史をどう教えるか』を高校現場で活かすために、そこに示された問題点や改善の提案を、(1)用語、(2)事項、(3)説明、(4)枠組みの四つのレベルに分けた。

(1)用語レベルの例として、当時の教科書の「黄河文明」を「中国文明」に言い換えるべきという指摘があげられる。学習指導要領がイスラムをイスラームに言い換えれば、教科書がすべて従い、全国の高校に広がったように、用語はスムーズに入れ換わる。

(2)事項レベルの例としては、オゴタイ＝ハン国がなかったことが研究で明らかになっており、教科書の「オゴタイ＝ハン国」を削るべきという提案があげられる。オゴタイ＝ハン国が教科書や資料集から消えたことに気がつけば、現場の教員は板書やプリントから削除するだろうが、その注意喚起や説明が必要になる。

(3)説明レベルの例としては、今から二〇〇〇年以上前のインドで始まったカースト制が現在まで続いているという説明には多くの誤りがあり、今のインドに残る身分制は植民地支配と結びつけた説明が必要なことがあげられる。

⑷枠組レベルの例としては、ルネサンスやフランス革命が自由で合理的な近代社会の成立過程として評価され詳しく教えられてきたことがあげられる。現在ではルネサンスは中世末期に位置づけられるし、フランス革命についても一国史観に陥らず、世界システム論・環大西洋革命論・ジェントルマン資本主義論・国民国家論などを踏まえるかたちで、ヨーロッパ近代の実像をバランスよく教えることが提起されている。多くのベテラン教員は、こうした提起に戸惑うだろうし、一度読んだだけで枠組を変えることは難しいと思われる。

実際は四つのレベルにきれいに分類できないが、『世界史をどう教えるか』の提案を受け入れやすい部分と時間のかかる部分に分けて考える必要があった。時間がかかる部分について付け加えると、用語の精選がかりに進んでも、元朝の特徴としてモンゴル人第一主義を説明するならば、たとえ教科書になくても「色目人・漢人・南人」の用語を使うであろう。モンゴルを出自、宗教、言語にとらわれない実力主義と結びつける新しい説明に教師たちが納得しない限り、消えたはずの用語がよみがえる。

三　歴史教育の改革に向けて

歴史教育の改革案とアンケート結果

京都高社研では、二〇一一年に日本学術会議の提言が出される以前から歴史教育改革の中心として活動している先生方をお招きして講演していただき、改革に向けてのアンケート調査に協力してきた。二〇一四年七月高等学校歴史教育研究会の「第一次案」が発表されたあとに実施されたアンケート調査にも参加した。この間、改革をめぐる議論や情報を定例の総会や会報などで京都府下の高校教員に伝えるよう努めてきたが、そのなかで研究会の一員として考えてきたことを述べてみたい。

二〇一四年九月に発表されたアンケート結果で興味を引く点をいくつかあげておこう。まず、「生徒の思考力を育成する授業が充分実施できない」という回答が高校の歴史教育の問題点として最も高い数字（八〇・五％）を示した。この問いでは、大学よりもむしろ高校で肯定が高くでたという報告書のコメントが注目される。つぎに、世界史未履修問題の解決策については、世界史必修の継続が三分の一の支持に留まり、世界史と日本史の統合科目の新設を支持する意見が相対的に多数であったこと、また日本史のみの必修化については否定的な意見がきわめて多かったことが注目される。だが、どちらともいえないという意見も四分の一あり、少なからぬ人々がこの問題の行方を気にかけている様子がうかがえる。世界史と日本史の統合科目の新設については、高校での意見が肯定・否定・どちらともいえないで三分されたが、「広義の大学では肯定が過半数を超えたのが注目される」。日本史の必修化については、高校より大学で否定論が多いことと、「高校で日本史を担当する教員の間でも日本史のみの必修化には強い反対が表明された」というコメントが目を引く。さらに、教科書の用語限定については回答者の約三分の一が肯定的意見で、「高校の方が広義の大学より若干多い結果となった」。そして大学入試の出題用語の限定の是非については全体で肯定的意見が過半数を超えたが、どちらともいえないが約四分の一あり「大学入試で思考力を試す出題をすべきとの質問では七五・七％もの肯定がでたことに比べると、大学入試での用語限定論の支持は若干過半数を超えた水準にとどまった」という点が興味深い。最後に、高校までの授業で受けた歴史知識が大学入試までに定着していないとみる意見は、大学で六四・五％、高校で五九・八％、大学のほうが高校より若干多い。高校と大学ともに高校時代の知識が定着しないまま大学に入学してくるとの受け止め方が強いが、「これは高校の歴史教育だけでなく、大学入試にも問題があることを示唆するものであろう」と指摘されている。

この調査結果は主要新聞各紙でも報道され、広く社会の関心を集めた。実施者側も「高校の歴史教育に関するアンケートにこれだけ多くの高校と大学の教員がともに回答した例は今までなかった」(回答数六八一人、高校教員五八%、大学教員三四%、その他八%)としており、歴史教育の現状と今後のあり方について関係者の関心がきわめて高いことを示している。だがそれと同時に、課題に対する高校大学間の受け止め方の違いや、改革の方向性について明確なヴィジョンあるいは具体的なイメージが見出せないもどかしさもそれぞれの数字にはあらわれているように思われる[高等学校歴史教育研究会 二〇一四]。

改革の柱

アンケート結果で顕著に示されたように、いま広く歴史教育の現場で求められているのは「思考力の育成」である[例えば、鳥山 二〇一二]。これは大学や高校のみならず日本の教育界全般に求められようとしている課題でもある。だが同じアンケートで、大学入試の影響で用語の暗記中心の授業になっていて、生徒の歴史的思考力を育成する授業が十分展開されていないとする回答も圧倒的多数であった。この矛盾を解くことが改革の最大の焦点の一つになっていくだろう。またこの問題は、先述の「第一次案」での三つの課題(教科書・授業・大学入試)と重なるが、ここでは教科書と授業について触れたい。

多忙な毎日を送りながらも高校の歴史教員は、今の教科書に満足できず歴史学の動向については何らかの関心を向けているという小田中直樹の分析にあるように[小田中 二〇〇七、二三一～三七頁]、教科書の内容について不満をもつ高校教員は数多くいる。とくに入試問題に出題されるたびに用語が増えていくような、小川幸司が「第一次案」のなかで呼んだ「素朴な分類学」に基づく「暗記地獄」、生徒に「苦役」を強いる従来の入試準拠型教科書の記述内容に疑問をもつ者は多い。ある程度受験にも対応せざるをえないが内容面で生徒の興味関心を引くために、新しい研究動向に目を向けようとする教員たちがいるのも確かで、京都高社研と阪大歴教研の連携や読書会の活動もその一例である。

最近の教科書では、ヨーロッパ中心史観の克服、一国史の枠組みからの脱却、諸地域世界の関係（同時代のヨコのつながり）、海域世界への注目、社会史・ジェンダー史・環境史への関心など新しい研究動向が反映されるようになってきている。とりわけ世界史A教科書には、これらの研究を取り入れ内容面での「改革」を先取りしたものが登場している。

だが、他方で研究の成果を取り入れることがそのまま歴史教育の改善に寄与するものではないという指摘もある［米山 二〇一四］。問題は授業のあり方であり、これまでも歴史教育の重要な課題と意識されてきた「思考力」の育成が、あらためて問われている。教科書の内容が新しくなっても、教員から生徒への「知識注入」というこれまでどおりの方法では生徒たちの「歴史嫌い」「歴史離れ」の現状を変えるものにはならないだろう。「教科書が歴史的思考力を培うツールとなるためにはどのような工夫が必要であるかという議論に移る時ではないか」という主張にも十分に頷ける［松本 二〇一四］。

「思考力」の育成は、歴史教育の古くて新しいテーマである。戦後始まった「社会科」歴史のなかで、通史教育を基本とする系統学習の流れ（歴史的理解の重視）と、テーマやトピックを選び問題解決学習をめざす流れ（歴史的思考の重視）の対立と葛藤は早くからみられたが、同じ問題が姿を変えて今も続いているともいえよう。現在この問題は、これまでの「教え－教えられる」という教師と生徒の関係を見直し、生徒同士の共同的な学びをどのように組織していくかという、授業のあり方を根本的に再検討する動きと結びついている。そこでは授業を組み立てるうえで歴史的な理解と思考のバランスをどう図るか、教師と生徒の関係そして生徒同士の関係をどうつくっていくのかが重要な課題になる。アメリカでの歴史教育の「全国基準」を参考にした油井大三郎の指摘にあるように、知識の獲得を中心とする「歴史的理解」と「歴史的思考」を区別したうえで両者をどう統合していくか、今後の「授業づくり」が問われるところである〔油井 二〇一二・二〇一三〕。

高大連携の焦点

歴史教育の改革をめざす議論を進めていくためには高校と大学の間で検討すべき課題がいくつかある。教科書の作成において、記述内容や構成とともに生徒の思考力を育成するための設問を教育現場の声も参考にしながらつくっていく必要があるだろう。授業のあり方に関しては、教育内容と方法の両面にわたる高大の緊密な連携が一層求められる。教員養成をめぐって指摘されている、教科教育法と専門教育の乖離を食い止めることも差し迫った課題である。また大学と高校の関係をめぐって小川からの「歴史学と歴史教育の分業を前提にした議論の進め方」に対する懸念、「アカデミズム→学習指導要領→高校教育」という下請け・孫請け構造のなかで「世界史の改革が論じられる」ことへの違和感の表明もまた十分傾聴に値しよう〔小川 二〇一三〕。小田中はその著書で、高校であれ大学であれ「ヒストリアン＝歴史を語るもの」としてそれぞれの活動のあり方をお互いに見直すことを提起していた〔小田中 二〇〇七、一六一頁〕。「ヒストリアン」の語を教育と研究に携わるコミュニティに属するものという具合に広くとることで高校と大学の歴史教育をつなぎ、歴史研究と歴史教育の新しい関係を築くことが期待される。歴史教育改革の方向性について明確なヴィジョンそして具体的なイメージを打ち出していくためにも、高大連携、歴史研究と歴史教育の連携はより一層重要になっていくだろう。

おわりに――何のための歴史教育か

歴史学の危機がいわれて久しい。一つは若い世代の「歴史離れ」。歴史を勉強して何の役に立つの？高校の教室で我々はこの問いにしっかり答えられているだろうか。高校の世界史の役割とは何か？生徒にとって受験で必要だから学ぶのではなく、生きていくうえで必要だから学ぶのではないのか。自立した市民・社会人としてであれ、グローバル化する社会で生きていく人材としてであれ、歴史にかかわる問題を自ら考え、表現し、相手と対話する力を身につけてほしいから、必ずしも答えが一つでない問いに自分で答えようとする姿勢をもってほしいから教師は教えるのではないのか。「歴史を学ぶ意味」を自覚できれば、たくさんの用語を覚えなくても知っている用語を使って出来事のつながりや事柄の意味を説明したいと思うようになるだろう。

もう一つの危機は、学問として歴史学の存在理由が問いただされている状況、歴史学に社会との関わりが不足していた点である。小田中は「歴史家は、歴史学の成果について学界の外に広がる社会と十分にコミュニケートしてこなかったのではないか」と述べ、学説を検証するプロセスにおける「対話」の意義を説いている［小田中 二〇〇四］。同じことは、生徒に問いかけをおこなう歴史教育の場においてもあてはまるだろう。せっかく語るのであれば聞き手に声を届かせるべきだという意見に賛成である。歴史を聞くことには物事を思考できるようになることと、他者を理解できるようになることのメリットがあると小田中は主張する〔小田中 二〇〇七、一六二頁〕。これこそ高校生、大学生を含めた若い世代の人々に知ってほしいことではないだろうか。

◆参考文献

大阪大学大学院文学研究科文化動態論専攻堤研究室『最新の研究成果を歴史教育につなぐ教材・教授資料の研究開発』平成二〇〜二二年度科学研究費補助金(基盤研究〈B〉・課題番号二〇三二〇〇九四)成果報告書シリーズ三、二〇一〇年

〔小川 二〇一三〕 小川幸司「「世界はひとつ」を語るのが世界史教育なのだろうか――羽田正『新しい世界史へ』をめぐって」(『歴史地理教育』第八一一号)七〇〜七五頁

〔小田中 二〇〇四〕 小田中直樹『歴史学ってなんだ?』PHP研究所

〔小田中 二〇〇七〕 小田中直樹『世界史の教室から』山川出版社

神奈川県高等学校教科研究会・社会科部会歴史分科会編『歴史をどう教えるか――歴史学の進展と教科書』山川出版社、二〇〇八年

川北稔『ヨーロッパと近代世界』放送大学教育振興会、一九九七年

京都高等学校社会科研究会「一般社会」(復刻委員会監修『一般社会』〈昭和二七年度用〉)一九八三年

京都高等学校社会科研究会『研究報告　活動記録』(毎年一回発行)各年度版

〔高等学校歴史教育研究会 二〇一四〕「歴史教育における高等学校・大学間接続の抜本的改革―アンケート結果と改革の提案―」(https://sites.google.com/site/ourekikyo/news アンケート結果の詳細も同ホームページにアップロードされている)

〔鳥山 二〇一二〕 鳥山孟郎「歴史的思考力をめぐる諸問題」(鳥山・松本通孝編『歴史的思考力を伸ばす授業づくり』青木

書店）
東アジア地域研究会編『講座東アジア近現代史』青木書店、二〇〇一〜〇二年
［松本　二〇一四］　松本通孝「「新しい世界史」と「学習指導要領」「世界史A」「歴史基礎」」（『歴史地理教育』第八二四号）七〇〜七五頁
溝口雄三ほか編『アジアから考える6　長期社会変動』東京大学出版会、一九九四年
［油井　二〇一二］　油井大三郎「高校歴史教育の改革と思考力育成」（『歴史評論』第七四九号）三四〜四三頁
［油井　二〇一三］　油井大三郎「歴史的思考力育成と米国の歴史教育」（『歴史地理教育』第七九九号）六六〜七一頁
［横山　一九七八］　横山正幸「京都高等学校社会科研究会創立の思い出」（京都高等学校社会科研究会編『三十年のあゆみ』京都高等学校社会科研究会）
［米山　二〇一四］　米山宏史「いま問われる世界史認識と世界史学習」（『歴史教育・社会科教育年報二〇一四年版』三省堂）
歴史学研究会編『講座世界史』全一二巻、東京大学出版会、一九九五〜九六年
和田春樹ほか編『岩波講座　東アジア近現代通史』岩波書店、二〇一〇〜一一年

地方国立大学の視点から

――静岡歴史教育研究会の挑戦

岩井　淇

はじめに――地方国立大学の厳しい状況

本章は、二〇一四年秋のリレーシンポジウムにおいて「地方国立大学の視点から」というタイトルで、静岡大学を拠点にした静岡歴史教育研究会についてコメントした報告を基礎にしている。

最初に、今日の地方国立大学がおかれた厳しい状況について少し説明しよう。周知のように、現在の国立大学では、⑴教職員ポストの凍結、⑵予算削減、⑶文科系の教育悪化、という事態がみられる。⑴の教職員ポストの凍結とは、多くの地方国立大学で、停年退職した教員の後任を以前のように採用することができなくなり、いったんポストを全学に返還し、そのポストの必要性が認められるまではポストが凍結され、欠員補充ができない状態が続くことである。⑵の予算削減は、すぐにわかるように、多くの大学で予算が年々減少していることを意味する。とくに通常の研究費の減少が著しく、一種の競争的経費で、学内科研のような性格をもつ学部長裁量経費などを取得しないと、教育も研究も立ち行かなくなっている。⑶の文科系の教育悪化は、「理系マインド」などといわれる一方、とくに文科系の学部や研究科で予算削減などの問題が顕著にあらわれていることである。

こうした状況と静岡大学も無縁ではない。静岡大学人文社会科学部の歴史学コースがおかれた状況について述べると、⑴のポスト凍結などによる専任教員の減少が進んでいる。以前の教員数は多いときには十一名だったが、九名に減らされ、現在の教員数は、日本史二名、世界史三名、考古学二名の計七名まで減少した。これを評した口の悪い先生の表現を使うと、静岡大学の歴史学コースは「セブン・イレブン」ということになるそうだ。世界史という単位があるのは、高校教育との関連でいうと、非常に望ましいのだが、これもアジア史の教員が一名となったために、余儀なくそうなったという側面がある。大阪大学などの大きな大学の教員数からみれば、本当に取るに足らないスタッフの数となってしまった。

⑵に関して、予算削減による非常勤コマの縮小についていうと、以前は常勤教員でカバーできない分野を非常勤講師の集中講義によって補っていた。数年前までは日本史、アジア史、西洋史、考古学でそれぞれ年間一〜二本の集中講義を開講していたが、近年では歴史全体で年間二本程度というありさまである。⑶に関して、博士課程の未設置による大学院生の少なさであるが、静岡大学では、理系の教員は大学院の修士帰属となっているのに、文系の教員は学部に所属するという何とも不思議な状態となっている。大学院も修士課程しか設置されておらず、当然ながら院生の数が少なく、定員を満たすのにも苦労している。

したがって静岡大学は、大阪大学など規模の大きな大学と比べて、いろいろな面で厳しい状況におかれている。大阪大学歴史教育研究会では、大学院生や特任研究員が重要な役割を果たしている［桃木 二〇〇九、一二六〜一三二頁］が、静岡大学ではそれは望むべくもない。こうした三つの困難を、私は「三重苦」と呼んでいる。表現を変えれば、大阪大学の歴史学が、なくなることのない「しにせ百貨店」だとすれば、静岡大学のそれは、廃止や統合の危機に直面する「コンビニ」といったところだろうか。そうなると先の「セブン・イレブン」というたとえ話は、あながち的外れではないかもしれない。それはともかく、私たちは静岡大学での歴史学存続のために、ともかく工夫しなければならず、何かしなければ生き残っていけないという厳しい状況におかれているのである。

一　静岡歴史教育研究会の設立

静岡歴史教育研究会は、二〇一〇年十二月に静岡大学の歴史学コースの教員と静岡県の高校教員を中心に、スタートした。この間に大阪大学歴史教育研究会に調査に出かけ、大きな刺激や啓発をもらった。二〇〇八年一月には、中国古代史研究者の重近啓樹さんと岩井が大阪大学を訪問し、桃木至朗さんからお話を伺い、翌年十二月には、桃木さんを招いて静岡大学で講演会を開催した。[1] 残念ながら、重近さんは病気のため二〇一一年十一月に亡くなったが、歴史教育研究会の設立は、重近さんの念願でもあった。

「歴史学の危機」といわれる現象は、もちろん一般的に存在するが、それとは別に、先に述べたように、静岡大学の歴史学コース(二〇一四年度に歴史文化コースから改称)が抱えている特別な問題点もある。それらを何とか工夫によって改善し、現代的な課題にも向き合う必要があるというのは、歴史学のスタッフにほぼ共通する想いだった。これらの課題は、設立以来、静岡歴史教育研究会の三つの大きな目標となって結実した。それは、第一に今日的な課題に向き合う歴史学を追求し、現在と過去の対話を重視する。第二に日本史と世界史の架橋をめざす。第三に高校と大学を結ぶ高大連携を推進する。そのために高校教員に働きかけ、協力関係を構築する。これらに加えて、研究会開催の過程で気づいたのは、静岡地域に関連するテーマを積極的に取り上げ、地域との交流に貢献することだった。

しかし、先程述べた「三重苦」は、なおつきまとっている。言葉を変えれば、今日の地方国立大学が直面する共通の困難があるといえるだろう。それは、(1)歴史学の教員が少なく、担い手や企画が偏ってしまい、研究会もあまり頻繁に開けない。(2)予算が恒常的に不足し、研究会の講師を外部から招聘《しょうへい》することもままならない。(3)院生の絶対数が少なく、協力者や参加者にも不足しがちである、といったことである。それらは、単独ではなく、連鎖してあらわれるのが通常である。

だが、嘆いてばかりはいられない。ここから打開策を模索し、工夫によって困難を乗り越える「静岡歴史教育研究会の挑戦」の話に転じよう。「三重苦」に象徴されるような危機は、逆にいえば、改革への転機ととらえることができる。もちろん、テレビ番組や映画のような格好よいサクセス・ストーリーが描けるのではなく、試行錯誤の連続であり、現在でも様々な難題と格闘中であるが、静岡歴史教育研究会が、どのような挑戦をしたのか述べてみたい。

二　静岡歴史教育研究会の挑戦

私たちが打開策として考えたのは、大きく三点ある。(1)はネットワークを活用すること。例えば静岡大学の教育学部教員や静岡県の高校教員との協力関係を拡充し、静岡県立大学など、他大学との連携も含めて、歴史学コースの教員不足を補うことである。後述するように、神戸大学・名古屋市立大学と共催の三大学合同ゼミも、こうした趣旨から始まった。(2)は静岡大学のスタッフを中心にした手弁当の企画を当初は中心にし、伊豆韮山《にらやま》の江川文庫や静岡市の登呂遺跡に関する研究会を開催した「歴史文化コース　二〇一一・二〇一二）。その過程で地域史関係の企画は地元のニーズに応えるものとして必須であることに気づかされた。しかし、それだけでは限界があるので、同時に学部長裁量経費を取得し、学外の講師を招聘できるように工夫した。

(3)として研究会を開催するにあたって、授業などで学部生に呼びかけ、参加を促した。集まった学生は決して歴史学専攻ばかりではないが、問題意識のある学部生が、たくさんいることが理解できた。そのなかで主軸として期待したのは社会科や地歴科の教員をめざす学部生や院生である。彼らを研究会で鍛え、積極的な参加を促すことによって、問題意識をもった良質の教員を養成し、彼らが首尾よく教員になれたなら、研究会の恒常的メンバーとする。このようにして、静岡大学を中学社会科や高校地歴科の教員養成の拠点にしたいと考えるようになった。以上の計画では一サイクルがかなり長く、すぐに成果があらわれるとはいいがたい。その意味では、「費用対効果」や実績主義といった現在流行の尺度では、すぐに測れないかもしれないが、教育者を育成する教員養成は、そもそも短期的な成果主義とは相容れないものであろう。しかし、中長期の展望として、大学で教員養成に力を入れる→その情報が、研究会に参加した地域の高校教員などを通して、生徒へ浸透する→歴史に関心をもつ高校の生徒が、その大学を受験したいと考えるようになる、このようなプラスの循環は必ず起きると考えられる。こうした形で、大学が地域に定着し、教員養成を通して達成される地域貢献もあるのではないか。そうした考え方は、大阪大学歴史教育研究会から学ばせてもらったことを付言しておきたい。

三　静岡歴史教育研究会の特色

これまでの研究会活動については、**資料1**をご覧いただきたい。この資料は、静岡歴史教育研究会の報告書の目次を四年分まとめたものである。二〇一〇年度から一三年度まで計六回の研究会をおこなってきた。二〇一〇年度は伊豆韮山の江川文庫調査について日本史の教員に、一一年度は静岡の登呂遺跡について考古学の教員に話してもらった。当初は地域史的なテーマを取り上げたが、二〇一二年度と一三年度は年二回開催し、外部から講師を招き、日本史と世界史をつなぐ企画などをおこない、歴史教育のテーマと積極的に向き合うようになった〔歴史文化コース 二〇一三・歴史学コース 二〇一四〕。二〇一四年度は「地域の歴史資料保全と教育への活用」というテーマで、二人の講師を招き、八月七日に開催された。こうしてみると、地域のテーマを歴史教育と結びつけるという今後の方向があらわれてきたように思う。研究会への参加者は、大学教員、高校教員から学部生、院生、教員志望の卒業生、地域の方など多様で、毎回三〇〜五〇名くらいが集まっている。

本研究会の二番目の柱となるのが、神戸大学・名古屋市立大学と協力して二〇一二年度から始まった三大学合同ゼミである。合同ゼミ開始のきっかけは偶然で、静岡大学の進学希望のドイツ現代史専攻の学生が、神戸大学大学院の大津留厚さんのところに入学し、大津留さんと私が同じ科研[2]のメンバーだったということもあって、「何か一緒にやりませんか」という感じになった。ところが、静岡大学の学生の多くが「神戸まで遠征するお金がない」と言い始めたこともあり、二〇一二年度には中間点の名古屋でやりましょうということになった。名古屋市立大学の松本佐保さんの多大な協力をあおいで、十一月二日に開催さ

資料1　静岡歴史教育研究会の活動(2010-13年度)

歴史教育の向上と充実を目指した
教材・教授資料の開発と高大連携の推進
平成22年度人文学部学部長裁量経費　成果報告書

目　次

歴史教育の質的向上を目指した
教材・教授資料の開発と高大連携の発展
平成23年度人文学部学部長裁量経費　成果報告書

目　次

歴史教育の発展・充実を目指した
教材・教授資料の開発と高大連携の推進
平成24年度人文社会科学部学部長裁量経費　成果報告書

目　次

静岡歴史教育研究会の危機――2012年度の軌跡……岩井　淳……1

Ⅰ　第三回静岡歴史教育研究会……5
近代移行期日本の民衆運動再考――農民一揆後の地域社会と「付ケ火」……今村直樹……5
資料）近代移行期日本の民衆運動再考
――農民一揆後の地域社会と「付ケ火」……今村直樹……7
コメント・今村直樹「近代移行期日本の民衆運動再考」をめぐって……岩井　淳……11
資料）　第三回静岡歴史教育研究会のお知らせ……12

Ⅱ　第四回静岡歴史教育研究会……13
シンポジウムを終えて……黒川みどり（静岡大学教育学部）……13
成田龍一氏の模索――『近現代日本史と歴史学』から……山田　智（静岡大学教育学部）……15
成田龍一著『近現代日本史と歴史学』を通じて歴史学と歴史教育を考える
……齋藤一晴（明治大学文学部）……20
成田龍一著『近現代日本史と歴史学』を通して歴史学と歴史教育を考える
――教育現場から……渡邉明彦（三島学園三島高校）……22
静岡歴史教育研究会の合評会に参加して……成田龍一（日本女子大学人間社会学部）……25
第三回・第四回静岡歴史教育研究会参加記……樋田友直（静岡大学大学院生）……28

Ⅲ　第一回三大学（神戸・名古屋市立・静岡）合同歴史学ゼミ……31
三大学合同歴史学ゼミの開催……岩井　淳……31
宗教改革としてのピューリタン革命……小木曽聡子（名古屋市立大学学生）……32
植民地期朝鮮における従軍慰安婦と女子勤労挺身隊との関連性
……中山明日香（静岡大学学生）……36
発表要旨と合同ゼミの感想……下瀬頌悟（神戸大学学生）……38
中世末期のアラゴン連合王国――14世紀の危機から内戦の勃発まで
……古山朋樹（静岡大学大学院生）……40
ドイツ＝イスラエル教科書会議から見るドイツ・ユダヤ人についての一考察
……古江純一郎（神戸大学大学院生）……43
「ひとまず，やってみる」ということ……衣笠太朗（神戸大学大学院生）……45
三大学合同ゼミに参加して……松野紗弓（名古屋市立大学学生）……47
合同ゼミに参加して……西松寛美（静岡大学学生）……48
大学と地域をこえて
――三大学合同歴史学ゼミ体験記・松岡拓哉（神戸大学大学院生）……50
歴史教育シンポジウム「現代への視点と世界史像の再構築」に参加して……戸部　健……52

歴史教育の地域的発展を目指した
教材・教授資料の開発と高大連携の推進
平成25年度人文社会科学部学部長裁量経費　成果報告書

目　次

静岡歴史教育研究会の再生――2013年度の「対話」による研究活動･････････岩井　淳･････1

Ⅰ　第五回静岡歴史教育研究会･･･6
今を生きる私と世界史に橋をかけよう――私の世界史教育論
小川幸司(長野県総合教育センター専門主事)･････7
「今を生きる私と世界史に橋をかけよう」に対するコメント･･･････････････････戸部　健･････27
コメント：小川幸司著『世界史との対話』から歴史叙述・教育を考える･････今村直樹･････29
コメント：歴史教育の視点からみた『世界史との対話』･･松井秀明(磐田南高校教諭)･････32
第五回静岡歴史教育研究会参加記･････････････････････赤平芙未(静岡大学大学院生)･････36

Ⅱ　第六回静岡歴史教育研究会･･･38
国境を越える歴史認識への挑戦――日中韓３国共同の歴史書づくり10年間の実践を振り返って･･････････････････････････････････････大日方純夫(早稲田大学文学学術院教員)･････39
ヨーロッパにおける歴史認識の越境化――歴史教科書，学術交流，博物館
････････････････････････････････････剣持久木(静岡県立大学国際関係学部教員)･････47
第六回静岡歴史教育研究会に参加して･･･････････････････王　明永(静岡大学大学院生)･････52
静岡歴史教育研究会に参加して･････････････････････････田中千晶(静岡大学大学院生)･････54

Ⅲ　第二回三大学(神戸・名古屋市立・静岡)合同歴史学ゼミ･････････････････････････56
第二回三大学合同歴史学ゼミの開催･･･････････････････････････････････岩井　淳･････56
合同ゼミでの発表を受けて･･･････････････････････････････渡辺大夢(神戸大学学生)･････57
明代成化期における内閣閣臣間の関係･････････････････････宋　宇航(静岡大学学生)･････60
メディチ銀行の繁栄と没落･････････････････････････大西　駿(名古屋市立大学学生)･････65
近世ヴェネツィアの書記局官僚層と門閥貴族･･･････････西松寛美(静岡大学大学院生)･････67
故郷から疎外される人々･････････････････････････････衣笠太朗(神戸大学大学院生)･････70
静岡大学・名古屋市立大学・神戸大学第二回合同ゼミ・青野原捕虜収容所フィールドワークについて･･･････････････････････････････････大津留厚(神戸大学人文学研究科教員)･････75
合同ゼミと歴史教育･･････････････････････････････小山啓子(神戸大学人文学研究科教員)･････77
三大学合同ゼミと歴史教育･･･藤井真生･････79
「ひとまず，やってみる」から「継続していく」へ･････古山朋樹(静岡大学大学院生)･････81
三大学合同歴史学ゼミの畔にて･･･････････････････････阿津坂知香(神戸大学大学院生)･････83
三大学合同歴史学ゼミに参加して･････････････････････野村雄紀(神戸大学大学院生)･････85
三大学合同歴史学ゼミに参加して･･･････････････････････宮原今日子(静岡大学学生)･････87
今年度の静岡歴史教育研究会と三大学合同ゼミに参加して
･･･山田一雄(島田樟誠高校理事)･････89

れた次第である。松本さんも、同じ科研のメンバーで、こんな形で科研が役に立つとは夢にも思わなかった。二〇一三年度は前もって学生に必要なものを準備させ、教員が多少の補助も出して、神戸大学で開催した。このときは大津留さんの案内で青野原《あおのがはら》捕虜収容所のフィールドワークを経験し、専門家の解説を聞けるという、願ってもないチャンスに恵まれた［大津留ほか 二〇〇七］。二〇一四年度は十月三十一日に静岡大学で合同ゼミを開催し、翌日、静岡大学の戸部健さんの入門講義を交えて、「静岡茶と世界とのつながり」をテーマとしたフィールドワークをおこなった。

合同ゼミは、ひとことでいえば大大連携ということになるだろう。交流の単位となるのは静岡大学が歴史学コースの世界史分野で、神戸大学が西洋史学専修、名古屋市立大学が松本ゼミと少しずつ違っているが、各大学ともに学生の多様なニーズに応えられるだけの教員数がそろっていないという悩みを抱えている。もちろん、日本中をみても、一つの大学だけで、歴史学に関する学生の多彩な要望に十分に対応することは不可能であるが、様々な関心をもつ学生に対して、多少とも専門の近い他大学の教員がアドバイスするというのが、合同ゼミのメリットである。例えば、静岡大学にはイタリア史の教員がいないが、イタリア近世史を専攻する学生がいて、その学生に対して神戸大学のイタリア史の高田京比子さんから適切なコメントをしてもらった。同様に神戸大学には、現在、イギリス史の教員がいないが、イギリス近代史を専攻する学生がいて、その学生に対して岩井がコメントしたりした。こうしたアドバイスを受けて、卒論や修論を書こうとする学生が、参考になったと喜んでくれたことは、報告書をみて、よくわかった。多様なテーマを扱う学生が他大学の教員からアドバイスを受け、卒論や修論といった個別研究の面で助けられ、普段接することのない学生から通常とは異なる視点の質問を受けて、各自の研究の意味を再発見するというのが、合同ゼミの最大のメリットであろう〔歴史文化コース 二〇一三・歴史学コース 二〇一四〕。

三番目の柱となるのが、高校教員の提案によって開始された地歴教員養成講座である。静岡大学を会場として二〇一四年六月から始まった養成講座は、地歴教員をめざす学生を主たる対象に、高校と大学の教員がおこなう講義や学生のおこなう模擬授業、また教員採用試験対策なども織り交ぜた実践的なものである。その趣旨は、地歴の教員をめざす学生・院生ならびに若手講師の勉強会を静岡大学で開催し、大学教員・高校教員・教員志望学生という三者間の「対話の場」を設けることであった。静岡大学の藤井真生さんの尽力もあって、六月以降、ほぼ毎月おこない、二〇一四年度には合計九回開催した。二〇一五年度も継続している。この講座は、教員をめざす学生を支援するという意味で、人文社会科学部の就職委員会の事業の一環にも位置づけられている。良質の教員を養成したいという高校と大学双方の願いが合致したところに成り立っており、文字通り高大連携の柱となることが期待されるだろう。

おわりに――今後の課題

以上、静岡歴史教育研究会の設立のきっかけ、その活動の特色について論述した。研究会の今後の課題としては、つぎの三点が考えられる。それは、(1)今後もネットワークを拡充し、教育学部や高校との協力関係、他大学との連携を維持・発展させることである。(2)地域史的テーマが研究会で一定のニーズをもつことは否定できないものの、日本史だけに限らず、幅広いテーマを扱い、より広く世界史との関連を考える必要があるだろう。例えば静岡や日本をアジア史のなかで位置づけ、また日本史とヨーロッパ史を比較するなどが考えられる。これらは日本史と世界史を統合する新科目として注目される「歴史総合」とも関連し、重要な視点となるだろう。⑶今後も教員養成に積極的にコミットすることである。地歴教員養成講座を静岡大学の歴史学専攻の学生だけでなく、人文社会科学部の歴史学以外の学生、また教育学部の学生、他大学の学生に引き続き開いていきたい。

こうした課題を、もう少し大きな観点から位置づけると、つぎのようなことがみえてくる。第一に、研究会に参加する学生を教育するとともに、教える立場にある高校・大学の教員も学び直すこと、第二に、歴史学・歴史教育を通して多様な対話を研究会や講座で実現することである。対話にはいろいろあるが、具体的にいえば、⑴現在と過去の対話、⑵日本史と世界史の対話、⑶高校と大学の対話を静岡地域でめざすということになるだろう。

第三に、こうした営みは、短期的な成果主義とは相容れないかもしれないが、中長期的にみれば地方国立大学の生き残り策の一つとして役立つと考えられる。そのため、大阪大学歴史教育研究会との連携はもちろんのこと、地方大学間でも歴史教育のネットワークを構築したいとシンポジウムで提言したが、この方向は現実のものとなってきた。二〇一五年七月には、全国レベルで「高大連携歴史教育研究会」が創立され、高大連携に関心ある各地域や各大学が結ばれようとしている。全国の地方大学は、最初に述べたように、いま様々な困難と直面している。そうした困難を、知恵を出し合い工夫して乗り越え、歴史学の活力を取り戻したいと願うのは私だけではないだろう。その実現を祈念して、本章の結びに代えたい。

◆註

1　桃木至朗「全体を見ること、複数の世界にまたがって生きること」(静岡大学人文学部公開講演会、二〇〇九年十二月五日)。

2　科学研究費補助金・基盤B「帝国とコモンウェルスの総合的研究」（代表者・山本正、二〇〇九〜一二年度）。

◆参考文献

［大津留ほか　二〇〇七］　大津留厚ほか『青野原俘虜収容所の世界』山川出版社
［桃木　二〇〇九］　桃木至朗『わかる歴史・面白い歴史・役に立つ歴史――歴史学と歴史教育の再生をめざして』大阪大学出版会
［歴史学コース　二〇一四］『歴史教育の地域的発展を目指した教材・教授資料の開発と高大連携の推進』静岡大学人文社会科学部成果報告書
［歴史文化コース　二〇一一］『歴史教育の向上と充実を目指した教材・教授資料の開発と高大連携の推進』静岡大学人文学部成果報告書
［歴史文化コース　二〇一二］『歴史教育の質的向上を目指した教材・教授資料の開発と高大連携の発展』静岡大学人文学部成果報告書
［歴史文化コース　二〇一三］『歴史教育の発展・充実を目指した教材・教授資料の開発と高大連携の推進』静岡大学人文社会科学部成果報告書
静岡大学の成果報告書は以下のサイトで閲覧できる。http://www.hss.shizuoka.ac.jp/shakai/history/sub7.html

大学付属高等学校における汎用的な歴史教育の実践と課題
——高大接続・連携をめざして

皆川　雅樹

はじめに

本章では、将来的に、歴史学研究者や史学科出身で中学社会科・高校地歴科教員になる生徒・学生だけではなく、すべての生徒・学生のための汎用的な歴史教育の可能性について、三つの課題を提示する。そして、「中等・高等教育や生涯教育を含めた歴史教育の改善を系統的に担うことができる研究者・教員の養成」というテーマに向き合ってみたい。

一　歴史を学べる大学の各学部学科や課程の把握

佐藤正幸は、大学へ進学して歴史(学)を学ぼうとする生徒に対する進路指導における問題点について、つぎのように述べる。

高等学校で日本史・世界史を学んで歴史が好きになった生徒が、大学で歴史を専攻したいと進路指導の先生に相談に行った場合、大部分の先生は文学部史学科への進学を勧めているようである。その理由は歴史を教える先生の多くが文学部の史学科出身だからである。そして、文学部の史学科では世界史が東洋史と西洋史に分かれているので、日本史・西洋史・東洋史のいずれかを専攻することになるという指導が行われる。この進路指導に関して私は、昔から疑問に思ってきた。その理由は、日本の大学においては、歴史は文学部史学科の独占物ではない、からである。〔佐藤正幸 二〇一四、一三三頁〕

佐藤は、文学部(歴)史学科出身の教員が「歴史(学)を専攻する」＝「文学部(歴)史学科への進学」を勧めることへの疑問を提示する。

ここでは、佐藤による「歴史は文学部史学科の独占物ではない」という指摘を踏まえて、筆者の現勤務校(専修大学附属高等学校、以下「専大附属」と略)から付属の大学である専修大学へ進学する場合を具体例として、歴史(学)を学べる学部学科や中学社会・高校地理歴史教員免許を取得できる学部学科やその割合を提示したうえで、高大接続における歴史教育の課題について考えてみたい。

まず、専大附属から専修大学への二〇一四年度の内部進学者(専修大学付属推薦入学)は三四三名で、全体の八三・九％であった(全卒業者数は四〇九名。**表1**参照)。また、専修大学付属推薦入学者の各学部学科進学の内訳は**表2**のとおりであり、そのうち文学部歴史学科への進学は四名(約一％)であった。さらに、**表3**を参考に計算すると、高校地理歴史の教員免許が取得できる学部学科への進学は一九五名(約五六・九％)、中学社会の教員免許が取得できる学部学科への進学は二九五名(約八六％)であった。

つぎに、専修大学における歴史系専任教員のうち、担当授業・テーマなどに「史」がつく教員のみを抽出すると以下のとおりである(二〇一四年度)。

経済学部　経済学科・国際経済学科(七四名のうちの一三名)

法学部　法律学科・政治学科（六六名のうちの六名）

経営学部　経営学科（五六名のうちの一名）

商学部　マーケティング学科・会計学科（七五名のうちの二名）

文学部　日本語学科（八名のうちの〇名）　日本文学文化学科（一三名のうちの〇名）　英語英米文学科（一五名のうちの一名）　哲学科（九名のうちの三名）　歴史学科（一四名のうちの一四名）　環境地理学科（九名のうちの一名）　人文・ジャーナリズム学科（一九名のうちの三名）

ネットワーク情報学部　ネットワーク情報学科（二九名のうちの〇名）

人間科学部　心理学科（一四名のうちの〇名）　社会学科（一四名のうちの〇名）

人文学・社会科学系ともに、歴史系専門教育をおこなう環境がある。また、文学部歴史学科では、考古学、日本史、アジア史、ヨーロッパ・アメリカ史の四つの領域について専任教員がいる。さらに、法学部政治学科には「政治理論・歴史コース」、経済学部経済学科には「歴史と発展コース」が設定されている。

そのつぎに、専修大学における歴史系の特徴的な取組をいくつか紹介する。

(1)文部科学省オープン・リサーチ・センター整備事業『フランス革命と日本、アジアの近代化』（専修大学社会知性開発研究センター／歴史学研究センター二〇〇三〜〇七年）

(2)文部科学省オープン・リサーチ・センター整備事業『古代東アジア世界史と留学生』（専修大学社会知性開発研究センター／東アジア世界史研究センター、二〇〇七〜一二年）

(3)文部科学省私立大学戦略的研究基盤形成支援事業『古代東ユーラシア世界の人流と倭国・日本』（専修大学社会知性開発研究センター／古代東ユーラシア研究センター、二〇一四年〜）

(4)文学部歴史学科「高校教員対象研修プログラム――日本史・世界史研究の最新情報」(高校教員向け研修、二〇一四年度は七月二十九日・三十日に開催)

(5)「The 寺子屋(古文書講座)」(一般向け公開講座〈初級・中級〉、五～六月頃、二〇一四年度で一二回目)

(6)「歴史を紐とく」(一般向け公開講座、年一度、二〇一四年度で一三回目)

(1)(2)(3)は、文部科学省からの研究助成を受けた研究活動で、文学部歴史学科の教員を中心に、他学部の歴史・文化などにかかわる教員も参加する研究プロジェクトである。(4)は、文学部歴史学科主催の、高校教員向けに世界史・日本史研究の最前線の情報を提供する研修プログラムである。(5)(6)は、一般受講者向けの生涯学習講座であり、すでに十数年の歴史をもちリピーターも多い。

表1　2014年度専修大学附属高等学校　進路状況

進路	人数	割合
専修大学付属推薦入学	343名	83.9%
他大学	49名	12.0%
専門学校	3名	0.7%
就職	0名	0%
受験準備	14名	3.4%
計	409名	100%

ここまで、専修大学の歴史関係の取組について具体的にみてきた。大学で歴史(学)を学ぶという視点に立つと、専修大学では文学部歴史学科が中心となることは間違いないが、近現代史を中心とした政治学や経済学を学ぼうとした場合は、法学部政治学科や経済学部経済学科に進学したほうがよい場合もある。ただし、歴史学科、政治学科、経済学科それぞれにおける歴史教育・研究のディシプリンの違いを考慮に入れる必要がある。いずれにしても、中等教育までの歴史学習と高等教育における各専門分野における「〇〇史学」との関連性を説明できる進路指導と教科教育を心がけることが求められる。

一方で問題となるのは、将来的に歴史系の中学・高等学校の教員となる学生の存在である。佐藤は「歴史を教える先生の多くが文学部の史学科出身」と指摘するが、歴史系の中学・高等学校の教員免許は、専

表 2　2014年度専修大学付属推薦入学　各学部学科への進学者数

経済学部	経済学科	36名
	国際経済学科	34名
法学部	法律学科	57名
	政治学科	5名
経営学部	経営学科	90名
商学部	マーケティング学科	41名
	会計学科	6名
文学部	日本語学科	5名
	日本文学文化学科	11名
	英語英米文学科	15名
	哲学科	3名
	歴史学科	4名
	環境地理学科	3名
	人文・ジャーナリズム学科	7名
ネットワーク情報学部	ネットワーク情報学科	11名
人間科学部	心理学科	10名
	社会学科	5名

表 3　専大教員免許状の種類・教科(2014年度入学者)

	学部	学科	中学校教諭一種免許状	高等学校教諭一種免許状
一・二部	経済学部	経済学科	社会	地理歴史, 公民, 商業
一部		国際経済学科	社会	地理歴史, 公民, 商業
一・二部	法学部	法律学科	社会	地理歴史, 公民
一部		政治学科	社会	地理歴史, 公民
一部	経営学部	経営学科	社会	公民, 商業, 情報
一・二部	商学部	マーケティング学科	社会	地理歴史, 公民, 商業, 情報(一部のみ)
一部		会計学科	—	商業
一部	文学部	日本語学科	国語	国語
		日本文学文化学科	国語	国語, 書道
		英語英米文学科	英語	英語
		哲学科	社会	地理歴史, 公民
		歴史学科	社会	地理歴史, 公民
		環境地理学科	社会	地理歴史, 公民
		人文・ジャーナリズム学科	社会	地理歴史, 公民
一部	人間科学部	心理学科	社会	公民
		社会学科	社会	地理歴史, 公民
一部	ネットワーク情報学部	ネットワーク情報学科	数学	数学, 情報

出典:『専修大学2015入学ガイド』

修大学に限らず、文学部史学科以外でも取得でき、その割合は他学部学科のほうが可能性としては高い。ただし、専修大学の場合、政治学科や経済学科で政治史学や経済史学をメインに学習・研究してきた学生はともかく、それ以外の学生は歴史の「専門性」という意味では弱い。黒川みどりは、中学・高等学校の授業における教科書に即した通史を教えることの重要性と、歴史学研究者が英知を結集して検討して作成した教科書の内容を理解できる専門性を備えた教員養成の必要性を指摘する〔黒川 二〇一三・二〇一四〕。このような歴史の「専門性」の問題は、つぎの第二節とも関係してくる。

二　中等教育歴史教員によるディープ・アクティブラーニングへのいざない

先述の黒川の指摘では、「通史」を教える(教科書を教える)ことを強調している。黒川は、通史的な教科書の内容の理解と中等教育における授業時間について、つぎのように述べる。

学校では歴史の授業に割ける時間は限られており、その限られた時間の枠のなかでいかに教科書をくまなく理解させ、いかに「歴史的思考力」を身につけさせるかが常に問われている。そのような状況にあって、教科書から発展させて、あるいは教科書を離れてテーマを設定し授業を展開すれば、当然ながら一方で、教科書に記されているにもかかわらず取り上げることのできない事項が生じることは避けがたい。年間の授業時間という与えられたパイが限られている以上、失うものがあることを考えなければならない。……調べ学習やグループ討論なるものが、小中学校の一時限四五分ないし五〇分という限られた時間のなかで、ほかに取り上げるべき事柄を切り捨てるというどれほどの犠牲の上に行われているかということに、思い至るべきではないか。〔黒川 二〇一三、一一四頁〕

黒川の指摘(課題)を、「教科書を通じての通史学習」「教科書から発展させた(離れた)テーマ学習」「調べ学習やグループ討論などのいわゆるアクティブラーニングの要素」の三つに分けることができる。いずれも歴史教育における学びの質を考えるうえで、これまで議論が重ねられてきた課題である。ここでは、本章の課題との関連から、「教科書を通じての通史学習」と「調べ学習やグループ討論などのいわゆるアクティブラーニングの要素」について考察する。

教科書を通じての通史学習

通史(教科書)を教える/学ぶことについて、今野日出晴はつぎのように述べる。

「通史」が全体性と総合性を暫定的にでも体現しているからこそ、個々の歴史的事象(個人の経験からさまざまな出来事まで)をそのなかに位置づけたり、相互に関連づけたりすることができるのであり、学習者が歴史で考えるための枠組み(暫定的な準拠枠)として機能する可能性をもっている。……それは、「獲得すべき知識」が記されたものではなく、「学習者によって乗り越えられるべきたたき台」としての側面が重要なのであって、それゆえに絶対的な正史として提示すべきではないのである。〔今野 二〇〇九、一二頁〕

また、教科書を使った授業について、土屋武志はつぎのように述べる。

一般的に、教科書を使って教科書通りに授業をしているという教師の授業でも、生徒たちが……教科書を丁寧に読み込む場面は少ない。教科書から疑問を探し、教科書から情報を引き出し仮説を立て、自分で年表をつくって説明するような学習活動は一般的ではないようだ。教科書は、生徒が考える手がかりを見つける生徒のための教材である。その視点に立つと、使わせ方の工夫はいろいろである。

通史(教科書)を教える側(教員)は、通史の全体性・総合性を専門的に把握・理解するとともに、個々の歴史的事象を提示し、ときには解説する必要がある。それによって、通史(教科書)を学ぶ側(学習者)は、教科書との対話を通して知識を獲得し理解を深めることを前提に、さらに疑問をもち追求・追究することによって学びの質を高めていくことができる。〔土屋 二〇一一、四三〜四四頁〕

調べ学習やグループ討論などのいわゆるアクティブラーニングの要素

通史(教科書)を教える側(教員)の専門性について、黒川はつぎのように述べる。

私が執筆の一員に加わっている高校日本史教科書は、やはり生徒に考えさせる授業を前提にしていることを特色としていて、問いかけ形式も多用されているのだが、それらの問いは、大学・高校教員である執筆者たちの通史理解にもとづいて時間をかけて練りあげられたものである。ところが、現場では往々にして、通史を理解せぬままに思いつきにも似た「問い」を作り出して授業が展開される。こうした実態を下支えしているのは、講義型「一斉授業」の否定的評価とアクティブ・ラーニングなるものの慫慂《しょうよう》ではなかろうか。とある教員養成課程の歴史学の概論でも、グループ調べ学習という手法がとられているということを仄聞《そくぶん》し、私は驚愕したが、よく考えてみれば、……一斉講義型授業を排してアクティブ・ラーニングを推進しようとすれば、そうした授業のあり方こそがむしろ推奨されることになるのだろう。そうしてこうした授業を何の疑問ももたずに受講した学生たちは、教師となって同様のことを繰り返すであろう。〔黒川 二〇一四、四九頁〕

黒川は別稿において、「思考力重視型、生徒主体といった美名のもとに横行している、教科書を教える力のない、もしくはその努力を怠る教員の隠れ蓑となっている授業と共振するのである」〔黒川 二〇一三、一一八頁〕とも述べている。

授業内容の専門性と授業方法については、汎用的な歴史教育や歴史的思考力の育成にかかわる問題である。黒川が否定する授業方法としてのアクティブラーニングとは、学生・生徒主体の学習の形態を強調するものである。[1] 黒川が強調するように、アクティブラーニングの導入によって、活動に時間がとられてしまい、知識（内容）の伝達に使える授業（講義）時間が減ることは想定できる。一方で、高次の思考をおこなわせるためには、それに見合う知識（内容）の獲得が必要となる〔松下編 二〇一五、五頁〕。

それでは、どんな知識の獲得と活用が必要なのか。私たちが日常的に、あるいは経験的に使っているなじみのある知識は「日常知」であり、日常世界や経験からは遠い、場合によっては調べたり勉強したりしないと頭に入ってこないような知識は「学問知」である。このような各専門分野の研究に基づく学問知の教員による伝達と学習者による獲得は、歴史（学）に限ったことではない。

近年、学問知を用いて、精一杯考えたり議論したりといった汎用的技能の育成が、大学までにおいて求められている〔溝上 二〇一一、二五二〜二五三頁〕。大学入試を見据えた受験勉強対策に終始してしまうと、受験のための知識を詰め込むだけで、考えたり議論したりする時間をとることができず（時間をとらないようにして）、高等学校までの教育が終了してしまう。ときには教員による説明や教科書との対話を通じて学問知に触れる可能性があるかもしれないが、それに興味をもったり調べたりする暇はなく、数千におよぶ用語の暗記に終始することになってしまう。これでは、高等学校三年間が「考えない時間」になってしまい、「歴史的思考力」も身につかない。

将来的に、歴史学研究者や史学科出身で中学社会科・高校地歴科教員になる者だけではなく、すべての生徒・学生のための汎用的な歴史教育の可能性について、筆者もここ数年、アクティブラーニング型授業を実践しつつ、その研究を「歴史的思考力」との関係を中心に取り組んできた〔皆川 二〇一三・二〇一五a・二〇一五b〕。そして、アクティブラーニング型授業が、「汎用的な歴史教育」＝「学問知を前提とした歴史的思考力の育成」につながると考えている。アクティブラーニング型授業がたんなる「おしゃべり学習」にならないようにするためには、学問知をきちんと押さえつつ、それが何かを考えられるような仕掛けをつくる教育が必要である。そのような仕掛けを通して、大学生や社会人になっても活用できる汎用的技能の育成につなげることができる。

汎用的な歴史教育のために、授業方法を工夫していくことによって学習の技能・態度を育成していく一方で、学問知をきちんと教えていくこととそこにたどり着くための術や考え方を教える必要がある。歴史学の学問知は、現状の教科書の字面に留まらない。桃木至朗は、今日の歴史学と教科書の急速な変容について行けない教員側の問題を指摘する〔桃木 二〇〇九、二一～二八頁〕。つまり、最新の歴史学の成果を考慮した教科書の内容を中学・高校の教員が理解できず（理解する余裕がなく／理解する術を知らず）、自分たちが学んできた旧態依然の内容を教えてしまう危険性である。この点は、先述の黒川による「思考力重視型、生徒主体といった美名のもとに横行している、教科書を教える力のない、もしくはその努力を怠る教員の隠れ蓑となっている授業と共振する」という指摘とも関係する。

教員が教えるべき内容について、中学・高校の現職の教員やこれから教員になろうとしている人々に「学び続け方」を教えると同時に、そのようなシステム（定期的な研修、サバティカルなど）をつくっていく必要がある。しかし、実際に現場に立つと最新の内容を押さえていくための勉強を続けることは、非常に厳しい現状である。その状況にのまれてしまい、教材研究ができない／教材研究をしないで、旧態依然の内容を「仕事」として教えてしまっているのが実情なのかもしれない。教員の学び続ける姿勢と体制については、日本学術会議(心理学・教育学委員会・史学委員会・地域研究委員会合同高校地理歴史教育に関する分科会)提言「新しい高校地理・歴史教育の創造――グローバル化に対応した時空間認識の育成」(二〇一一年八月三日)や佐藤学の著書〔佐藤学 二〇一五〕などにもあげられている「大学における教員養成課程の改革」とも関連する。

また、中等教育以下の教員が「手軽」に授業内容について学ぶことができるツールとして教員用の指導書がある。教員が歴史学の学問知を習得し、「歴史的思考力」を培うためのツールとして開発し直す必要がある。

教えるべき内容をきちんと精査する歴史教育全体の問題〔高等学校歴史教育研究会 二〇一四〕と同時に、現場の教員が学び続ける姿勢と体制を構築する必要があろう。生徒が授業における能動的な学習者であるべきであるとともに、教員もつねに学習者として学問知に向き合うべきであろう。小川幸司は「制度改革をただ待つのではなく、教室と歴史との間にいきいきとした〝問いかけ〟と〝対話〟がおこなわれるような「歴史批評」をする、歴史教育者の〝語り口〟の改革が、必要なのではあるまいか」と指摘している〔小川 二〇一一、三三一頁〕。

「学問知」を前提とした「歴史的思考力」育成のためには、歴史学者・歴史教育者の〝語り口〟の改革」＝アクティブラーニング＋ディープラーニング[2](学問知を前提とした講義・演習＋ファシリテーター[3]としての教員)が必要ではなかろうか。

なお、黒川による通史(教科書)を教えることについての一貫した指摘には[黒川 二〇一三・二〇一四]、学習者側が学ぶ視点がほとんどなく、教師が教えたかどうかに重きがおかれている。教師が教えたと言い張っても、学習者が学んだことを実感したり、学んだことを理解・活用したりしなければ、何のための学習・授業なのかがみえてこないのではなかろうか。このような考え方は、「新しい時代にふさわしい高大接続の実現に向けた高等学校教育、大学教育、大学入学者選抜の一体的改革について」(二〇一四年十二月二十二日、中央教育審議会答申)と、これを踏まえた「高大接続改革実行プラン」(二〇一五年一月十六日、文部科学大臣決定)において、「(1)「何を教えるか」ではなく「どのような力を身に付けるか」の観点に立って、(2)そうした力を確実に育むため、指導内容に加えて、学習方法や学習環境についても明確にしていく観点から抜本的に見直す」ことが強調されていることとも通じる。

三　歴史を学ぶこと(歴史学)の汎用性・社会性の把握

第二節では、教員側による授業の方法と学習者への学びの質を保証することを考察した。それを踏まえたうえで、歴史(学)を学ぶことの意義と向き合う必要がある。しかし、歴史学を大学で学ぶ学生たちは、そのすべてが歴史学の研究者になるわけではない。ここでは、文学部(歴)史学科における汎用性・社会性をより意識した歴史教育に取り組むべきことを課題として提案したい。

この課題に向き合うために、まず、汎用的能力とはどのようなものかについて確認する。昨今、大学では初年次教育、キャリア(支援)教育、ジェネリックスキル、アカデミックスキルなど、多様な能力(大部分が就活を見据えたもの?)の育成がおこなわれている。中学校・高等学校においても、キャリア教育を通して「基礎的・汎用的能力」を育むことが必須となっている。ここでは、大学生および社会人として必要な能力として提唱されている内閣府提唱の「人間力」、経済産業省提唱の「社会人基礎力」、厚生労働省提唱の「就職基礎能力」など、類似性のある能力論を考慮して提示されている、中等教育における「基礎的・汎用的能力」をもとに考察してみたい。

基礎的・汎用的能力は、二〇一一年一月三十一日の中央教育審議会答申「今後の学校におけるキャリア教育・職業教育の在り方について」において、「人間関係形成・社会形成能力」「自己理解・自己管理能力」「課題対応能力」「キャリアプランニング能力」の四つの能力によって構成されている。

さて、文学部(歴)史学科における汎用性・社会性をより意識した歴史教育に取り組むためには、史学科の学生全員に、歴史学の汎用性・社会性を指導できる研究者・教員の育成が必要である。例えば、『市民のための世界史』が提示する「歴史を学ぶ意義」「歴史を学ぶことで身につく「考え方」」〔大阪大学歴史教育研究会 二〇一四、四〜八頁〕は、歴史(学)の汎用性を示すものとしてとらえなおすことが可能である〔皆川 二〇一五a、二一一〜二一五頁〕。

⑴現在は過去の積み重ねのうえにある。歴史を知らなければ、例えば現在の日本社会がなぜこうなっているのかは理解できないし、したがって、日本の将来を考えることができない。

⑵いろいろな意味で、歴史は繰り返す。したがって人は、過去の成功や失敗の教訓を学びながら、物事を判断したり自分の行動を選択することができる。

⑶歴史は多くの場合、「時代」などの長い時間を扱うため、目の前の一日一日のことだけに一喜一憂す

るのでなく、「長い目」で物事を評価・判断する力が求められる。また、人文学以外の多くの学問が、人間社会や自然環境のなかの特定の側面だけ扱うのに対し、歴史を含む人文学は、政治、経済、社会、文化や自然など多くの領域を含むため、物事を総合的にとらえる力が不可欠になる。したがって、歴史を学ぶと長期的で広い視野が身につく。

(4)時代が違うと、同じ国・地域でもものの考え方や社会のしくみが違うことが多い。外国史の場合は、現代社会ですら自国とは違ったロジックで動いているのが普通である。したがって歴史を学ぶことは、自分たちの常識とは違った考え方やしくみを理解する、いわば「異文化理解」の訓練になる。

(5)歴史上の資料・記録はもちろん、現在の教科書ですら、同じ出来事について、書き手によって違った解釈・説明が与えられることは珍しくない。その背景には、書き手の知識や学力、立場、自分を正当化したり他人を非難する目的、学問的な理論の違いなど、いろいろなことが考えられる。そういうなかで事実を突き止めたり、妥当な解釈を選ぶ能力は、「情報リテラシー」の一種である。

(6)「事実は小説より奇なり」というように、歴史のいろいろなエピソードや人物像は面白い。良質な娯楽としての歴史の効用は十分に大きい。

(1)(2)(3)は歴史を学ぶことの意義を示すものであるが、これらは基礎的・汎用的能力の「課題対応能力」の要素の一つである「情報の理解・選択・処理等、本質の理解、原因の追究、課題発見」などや、「キャリアプランニング能力」の「多様な生き方に関する様々な情報を適切に取捨選択・活用しながら、自ら主体的に判断してキャリアを形成していく」などに関連する。(4)は他者との関係から自分について考えることにつながることであり、「人間関係形成・社会形成能力」の「多様な他者の考えや立場を理解し、相手の意見を聴いて自分の考えを正確に伝えること」「価値の多様化が進む現代社会においては、性別、年齢、個性、価値観等の多様な人材が活躍しており、様々な他者を認めつつ、それらと協働していく」「人や社会との関わりは、自分に必要な知識や技能、能力を気づかせてくれる」などや、「自己理解・自己管理能力」の「変化の激しい社会にあって多様な他者との協力や協働が求められているなかでは、自らの思考や感情を律する力や自らを研鑽する力」などに関連する。⑸は論理的な解釈・説明や思考についてであり、「課題対応能力」全般に関連する。⑹は過去への興味・関心であり、キャリア形成に影響を与える可能性がある。

このように、歴史を学ぶ意義とその汎用性・社会性をより意識的・体系的につなげて教育(授業)のなかに落とし込むことが必要であり、それを指導・研究できる担い手の育成が急務であると考える。

おわりに

以上、「歴史を学べる大学の各学部学科や課程の把握」「中等教育歴史教員によるディープ・アクティブラーニングへのいざない」「歴史を学ぶこと(歴史学)の汎用性・社会性の把握」という三つの課題提案をした。歴史(学)を学ぶ意義、歴史教育の存在意義を、高大接続・連携のための学力論から見直そうとする試みである。二〇一四年末から一五年にかけて、中教審における高大接続改革の議論とともに、「学力」にかかわる書籍が多く刊行されている[安彦 二〇一四・石井 二〇一五など]。歴史学・歴史教育を考えるうえでも学ぶべき視点は多く、本章でも触れた「アクティブラーニング」についても慎重な議論が提示されている。筆者も本章で掲げた課題について、実践を通じて今後も考察していきたい。

◆註

1　アクティブラーニングとは、溝上慎一の定義によると、「一方向的な知識伝達型講義を聴くという(受動的)学習を乗り越える意味での、あらゆる能動的な学習のこと。能動的な学習には、書く・話す・発表するなどの活動への関与と、そこで生じる認知プロセスの外化を伴う」とし、さらにアクティブラーニングとアクティブラーニング型授業については概念的に分別しており、後者は「アクティブラーニングを採り入れた授業」と定義する〔溝上 二〇一四、七頁〕。〔小林 二〇一五〕も参照。

2　ディープラーニングとは、概念を既有知識や経験と関連づけるような学習の質を強調するものである〔河合塾編 二〇一三・松下編 二〇一五〕。

3　ファシリテーションとは、「中立な立場でプロセスを管理し、チームワークを引き出し、そのチームの成果が最大となるように支援すること」である〔堀 二〇〇四など〕。歴史学者・歴史教育者に限ったことではないが、教員は「社会」との架け橋になり、さらに「社会」で活躍できる人材を育成する「ファシリテーター」になる必要があろう。

◆参考文献

〔安彦 二〇一四〕　安彦忠彦『「コンピテンシー・ベース」を超える授業づくり――人格形成を見すえた能力育成をめざして』図書文化社
〔石井 二〇一五〕　石井英真『今求められる学力と学びとは――コンピテンシー・ベースのカリキュラムの光と影』日本標準
〔大阪大学歴史教育研究会編 二〇一四〕『市民のための世界史』大阪大学出版会
〔小川 二〇一一〕　小川幸司「世界史教育のありかたを考える――苦役への道は世界史教師の善意でしきつめられている」(小川『世界史との対話』上、地歴社、初出二〇〇九年) 三一五～三三一頁
〔河合塾編 二〇一三〕『「深い学び」につながるアクティブラーニング――全国大学の学科調査報告とカリキュラム設計の課

題』東信堂
［黒川 二〇一三］ 黒川みどり「問われる歴史教育」（『教科開発学論集』第一号）一一三～一二二頁
［黒川 二〇一四］ 黒川みどり「教員養成の立場から歴史教育を問う」（『歴史評論』第七七四号）四三～五四頁
［高等学校歴史教育研究会 二〇一四］『歴史教育における高等学校・大学間接続の抜本的改革を求めて(第一次案)――世界史B・日本史Bの用語限定と思考力育成型教育法の強化』(https://sites.google.com/site/ourekikyo/news)
［小林 二〇一五］ 小林昭文『アクティブラーニング入門』産業能率大学出版部
［今野 二〇〇九］ 今野日出晴「歴史教育と社会科歴史――「歴史教師」という問題」（『歴史評論』第七〇六号）四～一六頁
［佐藤正幸 二〇一四］ 佐藤正幸「大学と高等学校における歴史教育の非連続とその歴史文化的背景」（東方学会平成二五年度秋季大会シンポジウム「高大連携で取り組むアジア史教育の再建」レジュメ集、二〇一三年十一月八日『大阪大学歴史教育研究会成果報告書シリーズ10』）一三三～一四二頁
［佐藤学 二〇一五］ 佐藤学『専門家として教師を育てる――教師教育改革のグランドデザイン』岩波書店
［土屋 二〇一一］ 土屋武志「「思考力・判断力・表現力」をつける教材開発・学習活動の視点」（土屋・下山忍編『学力を伸ばす日本史授業デザイン――思考力・判断力・表現力の育て方』明治図書）四二～四五頁
［堀 二〇〇四］ 堀公俊『ファシリテーション入門』日経文庫
［松下編 二〇一五］ 松下佳代編『ディープ・アクティブラーニング――大学授業を深化させるために』勁草書房
［溝上 二〇一一］ 溝上慎一「アクティブラーニングからの総合的展開」（河合塾編『アクティブラーニングでなぜ学生が成長するのか――経済系・工学系の全国大学調査からみえてきたこと』東信堂）二五一～二七三頁
［溝上 二〇一四］ 溝上慎一『アクティブラーニングと教授学習パラダイムの転換』東信堂
［皆川 二〇一三］ 皆川雅樹「高校日本史におけるアクティブラーニング型授業の実践」（『紀要〈専修大学附属高等学校〉』第三三号）三～一九頁

［皆川 二〇一五ａ］ 皆川雅樹「アクティブラーニング型授業と歴史的思考力の育成――高大連携・接続での汎用的な歴史教育の可能性を考える」（『紀要〈専修大学附属高等学校〉』第三四号） 一一〜三七頁
［皆川 二〇一五ｂ］ 皆川雅樹「遣唐使派遣と「国風文化」――歴史的思考力の育成とアクティブラーニング型授業を意識した授業実践」（『歴史地理教育』第八三三号） 二〇〜二七頁
［桃木 二〇〇九］ 桃木至朗『わかる歴史・面白い歴史・役に立つ歴史――歴史学と歴史教育の再生をめざして』大阪大学出版会

「学生報告」という挑戦

――福岡大学西洋史ゼミの試み

池上 大祐・今井 宏昌

はじめに

筆者(池上・今井)は、福岡大学西洋史ゼミの実践紹介という形で、「学生報告という挑戦――『地域が語る世界史』を中心として」(報告者　有村奈津希〈福岡大学大学院博士課程後期〉、池上大祐〈福岡大学ポストドクター〉、今井宏昌〈日本学術振興会特別研究員ＤＣ2、東京大学大学院博士課程〉、玉利尚子〈福岡大学大学院博士課程前期〉、野田真衣〈福岡大学大学院博士課程後期〉、報告者の経歴はいずれも当時のもの)と題する報告を、二〇一四年二月一日の大阪大学歴史教育研究会特別例会にておこなう機会を得た。本章は、その内容をもとに書きおろしたものである。また筆者の一人である池上は、二〇一四年九月に大阪大学中之島センターで開催された史学会と大阪大学歴史教育研究会との共催シンポジウム「高大連携による大学歴史系専門教育・教員養成教育の刷新」にも出席し、高大連携の最前線について学ぶ機会を得た。この縁から、今回寄稿する運びとなった。

ここで本論に入る前に、福岡大学人文学部歴史学科西洋史専攻の基本的なカリキュラムについて確認しておきたい。初学年次に「史学概論」、「歴史学入門」（演習形式）を履修し、歴史学の基礎を修得する。そして二年次に、日本史、東洋史、西洋史、考古学のいずれかの専攻に所属し「原典講読」や「基礎演習」などを通じて本格的な専門教育を受ける。三年次から四年次にかけては、専攻内でさらに卒業論文の指導を受ける「演習」（いわゆる卒論ゼミ）を選択し、卒業論文執筆をめざす。西洋史専攻でいえば、三名の教員（松塚俊三教授、星乃治彦教授、森丈夫准教授）がそれぞれ担当する「西洋史演習」のうち一つを「卒論ゼミ」として選択することになる。ただ三年次には「卒論ゼミ」とは別の、西洋史専攻内の残り二つの演習のうちさらに一つ（「第二ゼミ」という）を履修することになっている。つまり、例えば星乃担当の西洋史演習（以下、星乃ゼミと称する）には、卒論ゼミ生と第二ゼミ生が混在する三年生、卒論ゼミ生のみの四年生が所属することになる。

つぎに紹介すべきことは、歴史学科の教育活動を研究面で補完する「七隈《ななくま》史学会」の存在である。福岡大学の立地する地名にちなんで一九九八年に設立された七隈史学会は、教育研究活動の成果を地域社会に公開するという理念のもと、公開講演・日本史部会・外国史部会・考古学部会の四部門で構成されている。大学研究者のみならず高校教員や在野の研究者も数多く参加し、福岡大学大学院人文科学研究科史学専攻への進学者にとっても、貴重な研究報告の場となっている。例年、研究大会は九月末に開催され、年度末に学会誌『七隈史学』を発行している。会場設営、情宣、会計、各部会進行、学会誌編集などといった学会運営業務には大学院生（以下、院生と略）並びに学部学生（以下、学生と略）が主体的に携わっていることも重要な特徴である。とはいえ、当然ながら歴史学科の学生全員が研究者や教育者をめざすわけではなく、多くの卒業生は一般企業や公務員などへの就職をめざしている。歴史学の醍醐味を味わって卒業しているのだろうか、という素朴な疑問もあいまって、多くの学生にとっては最初で最後の作品となる卒業論文の執筆に、学生たちがより高いモチベーションをもって挑むことのできる環境をつくりたいと考えた結果、たどり着いたのが「学生報告」という方法であった［星乃監修 二〇一〇］。

そこで星乃ゼミは二〇〇五年度の七隈史学会第七回大会以降、外国史部会の一つのセクションとして新たに「学生報告」を設置してもらい、西洋史専攻の学生が複数のチーム（班）に分かれたうえで、自らの共同研究の成果を報告するという形式を確立させていった。そしてこの「学生報告」は、年度を重ねるごとにそのしくみや運営体制を刷新しつつ、二〇一三年度の七隈史学会第一五回大会まで、八年にわたり続けられた。池上は二〇〇八年度から一二年度にいたるまで、アシスタント役として学生指導のサポートにあたり、今井も二〇〇七・〇八年度に学生として「学生報告」に参加したのち、二〇〇九・一〇年度に院生としてサポート側にまわった。本章はその経験に基づき、約八年間にわたる「学生報告」という挑戦について整理したものである。したがって、本章の内容は福岡大学歴史学科および西洋史専攻全体の教育方針や意向を代表するものではなく、あくまで、星乃ゼミに所属した立場から整理したものにすぎないことをあらかじめお断りしておきたい。

一 「学生報告」の仕組

本節では、「学生報告」に向けた星乃ゼミの一年の流れを説明していこう。一年の起点は、九月末に開催される七隈史学会終了後の十月である。一年間取り組んでいく新しい全体テーマを教員とアシスタントとの協議で決定し、星乃ゼミ三年生だけで編成した三から四つの班（一班に二、三名程度）に分け、全体テーマに即した個別テーマ（あるいはキーワード）を各班に振り分ける。こうして後期授業期間中は三年生による共同研究のなかで、より具体的なテーマを探求していく。新年度の四月になると、第二ゼミとして星乃ゼミを履修した学生は原則として抜けていき、「卒論ゼミ」生のみが残った星乃ゼミに、新三年生が加わり、一班四名から六名の体制で前年度の研究テーマを引き続き深めていく。その過程で、新四年生は新三年生に対して、文献リサーチの方法やレジュメの作り方、班としてまとまるためのコミュニケーション方法などの「知的生産の技術」を伝える役割を担う。そして九月末の七限史学会外国史部会にて、これまでの研究成果を「学生報告」として披露するにいたる。ここでの報告をもって四年生は「学生報告」を「引退」し、卒業論文執筆に集中する一方、残された三年生は十月からつぎの新たなテーマに取り組み、つぎなる「学生報告」に向けた準備を開始する、というサイクルになる。卒業後、大学院に進学した学生も、「学生報告」の経験を活かしながら、院生として後輩たちのサポートに従事することになる。当初から意図していたわけではないが、様々な条件がそろっていくなかで、「学生報

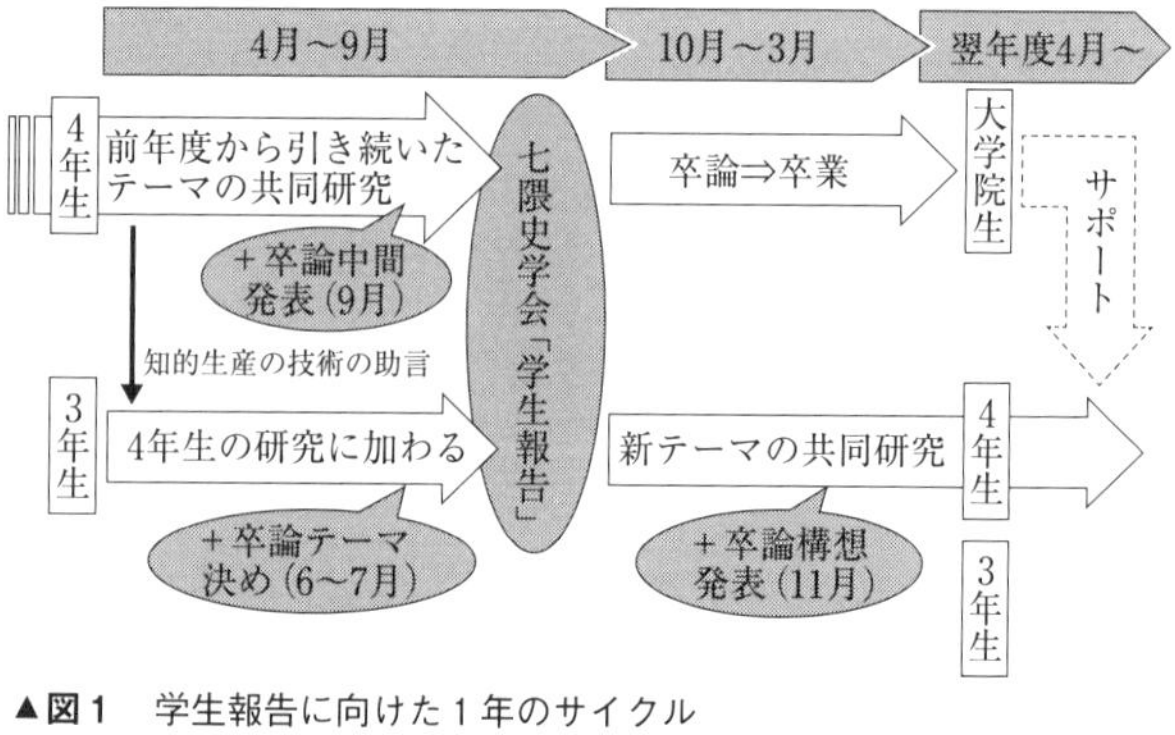

▲図1　学生報告に向けた1年のサイクル

告」という研究サイクルが整っていくこととなった(**図1**)。

当然ながら、このサイクルは学生の自発性・自主性だけでは成り立たず、教員やアシスタント、院生の指導および補助があってはじめて成立する。全体テーマ・個別テーマも「上から」設定するため、三年生たちは、「与えられた」テーマを自分のものに昇華していくまで、かなりの時間と労力を費やすことになる。さらに、その与えられたテーマは卒業論文と連動しているわけではないので、学生は卒業論文の準備に加え、「学生報告」のための共同研究に追われることになる。結果として求められる勉強量・読書量も必然的に上昇し、それを負担に感じる学生も当初は少なくなかった。ただ、星乃ゼミで報告を重ねていくうちに、何が問題なのか、何を明らかにすべきなのかがみえてくると、学生たちは研究活動に「楽しさ」を見出し始め、次第にそのモチベーションを高めながら共同研究に取り組むようになる。ときとして共同作業につきものの「自分は頑張っているのに、あの人はサボっている!」という主観的な憤りのぶつかり合いもあったようであるが、アシスタントとしては、基本的に学生同士の自浄能力に委ね、「チーム」としてどのようにまとまっていくべきかを考えてもらうよう配慮した。それでも解決しないときには、アシスタントや院生が間に入り、相談にのったり、涙を受け止めたり、あえて厳しく指導したりしたこともあった。このように学生たちは、様々な壁にぶつかりながらも個別テーマの研究を洗練させていく。

そして、七隈史学会が開催される九月が迫ってくると、なぜこの全体テーマを研究するのかという問題関心を再確認する作業と、各班の個別研究における共通点ないし相違点を見出す作業を進めることになる。いってみれば、前者が「学生報告」における「はじめに」となり、後者が「おわりに」となる。これらの作業も含めて、八月末あるいは九月初旬に、合宿形式で各班のプレ報告会を開催する。なお、この合宿では、学会当日に配布するレジュメ集の作成工程の確認作業(表紙の色の選定、デザインの検討、ページ番号の確認など)、「学生報告」での司会者の選抜、ゼミ総出の完成レジュメの誤植チェック、事前リハーサル、レジュメ冊子作成日の調整なども同時におこなう。この合宿前後に、緊張感のゆるみに対して教員が「雷」を落とし、学生全員で謝罪にいく、という中学校・高等学校時代の部活動の大会直前のような「熱い夏」も経ながら、いよいよ九月末の「学生報告」当日を迎えた学生たちは、堂々としたプレゼンテーションで一年間の研究成果を披露していく。

「学生報告」終了後には、学生一人一人のスピーチと教員、アシスタント、ゼミOBからの労いの言葉で構成される「反省会」と盛大な打上げパーティーが、四年生の「引退セレモニー」を兼ねて、達成感と開放感のなかで開催される。第二ゼミとして履修している三年生のなかには、はじめて体験する「学生報告」にやりがいを見出し、本来なら履修上出席する必要がないにもかかわらず、四年生になっても星乃ゼミに残り、自分たちの報告テーマを最後までやり通そうとする学生もいた。こうして四年生の「引退」を見届けた三年生は、学会終了後の十月に新チームを編成し、つぎの自分たちのテーマに取り組んでいくことになる。

二 「学生報告」のテーマとその研究方法

テーマの変遷――「帝国」から「地域」へ

つぎに「学生報告」のより具体的な研究内容について説明していきたい。過去八年間に実施した「学生報告」の各年度の全体テーマおよび個別テーマは**表1**のとおりである。

表1　「学生報告」におけるテーマの変遷

年度	全体テーマ	個別テーマ	「学生出版」の目次との関連 ＊[2010]＝『学生が語る戦争・ジェンダー・地域』 ＊[2013]＝『地域が語る世界史』
2005	帝国	スペイン(宗教)	
		ロシア(ツァーリズムと地方)	
		オーストリア(アウグスライヒ)	
		イギリス(帝国支配の再編)	
		アメリカ(マニフェスト・ディスティニー)	
2006	帝国と戦争	総力戦体制(イギリスの女性)	[2010] 第Ⅰ部第1章
		ポストコロニアル(アルジェリアとタタール)	[2010] 第Ⅰ部第2章
		記憶(ホロコーストと原爆，ベトナム戦争)	[2010] 第Ⅰ部第3章
2007	帝国とジェンダー	フランス　近代家族の誕生(家族ロマンスの転換)	[2010] 第Ⅱ部第1章
		イギリス　ヴィクトリア期イギリスにおける「女らしさ」の形成(女性・階級・規範)	[2010] 第Ⅱ部第2章
		ドイツ　男性史(男のイメージの変遷)	[2010] 第Ⅲ部第3章
		アメリカ　女性の身体(アメリカにおける中絶論争を中心に)	[2010] 第Ⅱ部第4章
2008	帝国と地域	近世神聖ローマ帝国における「帝国の一体性」(帝国クライス制度の変容過程を中心に)	[2010] 第Ⅲ部第1章
		複合国家としての「ブリテン」(「長い18世紀」における地域)	[2010] 第Ⅲ部第2章
		オスマン帝国の多元的共存システム(帝国意識の変遷を中心に)	[2010] 第Ⅲ部第3章
		虚構国家イタリア(地域・国民国家・EU)	[2010] 第Ⅲ部第4章
2009	地域	西南ドイツ地域における共同体の伝統	[2013] 第Ⅱ部第4章
		地域からみる「二つのスペイン」	[2013] 第Ⅱ部第5章
		「在地社会」からみる近世インド	[2013] 第Ⅱ部第6章
		アメリカ南部における「新南部」理念	[2013] 第Ⅱ部第7章
2010	歴史のなかの地域	大西洋ネットワークの諸相	[2013] 第Ⅲ部第8章
		ヨーロッパ統合の系譜	[2013] 第Ⅲ部第9章
		東アジア連帯の模索	[2013] 第Ⅲ部第10章
		ソ連という理念と現実	[2013] 第Ⅲ部第11章
2011	世界史のなかの博多	世界をかけめぐる銀と交易都市博多	[2013] 第Ⅰ部第1章
		東アジアの変容と孫文・福岡のアジア主義	[2013] 第Ⅰ部第2章
		熱狂する安保と三池	[2013] 第Ⅰ部第3章
2012	「地域」からみたグローバル化時代	グローバル時代の今，「地域」を問う	(今後の課題)
		九州からみた「東アジア」変革	
		インド独立運動からみた「アジア」	
2013	歴史のなかの科学	「科学革命」とイギリス産業革命への道	(今後の課題)
		第一次世界大戦期ドイツにおける科学者のナショナリズムと知的好奇心	
		マンハッタン計画をめぐる政治と科学	
		原子力の「平和利用」と脱原発への道	

初期の「学生報告」は、帝国史研究が盛んになった学界状況を反映させたものであり、初回の二〇〇五年度テーマはそのまま「帝国」となった。スティーヴン・ハウの『帝国』〔ハウ 二〇〇三〕を共通テキストとしつつ、スペイン、ロシア、オーストリア、イギリス、アメリカという五つの「(陸上/海上)帝国」を扱った。これを皮切りに、以後三年間、「帝国と戦争」(二〇〇六年度)、「帝国とジェンダー」(二〇〇七年度)、「帝国と地域」(二〇〇八年度)という全体テーマを掲げ、様々な観点から「帝国」研究を進めてきた。

そのなかで、二〇〇八年度に取り組んだ「帝国と地域」は、つぎの「地域」研究へと移行していく画期となった。「帝国と地域」研究は、「帝国」としてまとまっていこうとする「求心力」と、「帝国」内の様々な小さな地域が自立しようとする「遠心力」との関係性をどのように整理していくのか、という観点から進められた。ここでは、あくまで「帝国」というものの構造なり特徴なりを抽出するためのツールとして、「地域」のもつ諸力について分析してきた。それでは逆に、「地域」というものの構造や特徴を抽出することに力点をおいたとき、どのような歴史が描けるのか、という課題を着想するにいたり、二〇〇九年度の「学生報告」から四年間にわたる「地域」研究がスタートしていく。

研究方法

一年間の集大成である「学生報告」が終わり、つぎの一年に向けた新チームが発足すると、各班は自分たちが中心的に扱う「国」や時代に関連した概説書(山川出版社のシリーズ『世界歴史大系』など)で基礎知識を培いながら、文献リストの作成を始める。インターネット環境が日増しに整備されていくなか、ただ文献を羅列するのではなく、大学図書館がもつ検索サービスをフルに活用しなければ、文献リストをつくったことにはならず、ゼミでも厳しい指摘を受けることになる。具体的には、福岡大学図書館に所蔵されているのかどうか、福大図書館になくとも、他大学図書館に所蔵されているのであれば、相互貸借や複写サービス等の手続きを取っているのかどうか、など、どこまで手元に材料がそろっているのかをしっかりと把握することが要求される。ただ、欧語文献一冊以上あるいは欧語論文二本以上の通読が要求される卒業論文の準備や、就職活動が本格的に始まるこの時期、「学生報告」で欧語の先行研究の整理までも課すとなると、さすがに学生を疲弊させかねないということで、「学生報告」に関しては邦語文献(翻訳含む)から構成していく方針をとることにした。そしてこれにより、比較的まとまった先行研究がある分野から、若干の新しい解釈や比較検討を加える、というスタンスが次第に定着していった。

例外的だったのが、二〇一〇年度の「歴史のなかの地域」、二〇一一年度の「世界史のなかの博多」での研究方法であった。どちらもベースとなる「国」を設定していないため、国別の概説書では対応できず、どの文献からスタートさせるのかという点から、教員・アシスタント含めて議論を繰り返しおこなった。例えば、二〇一〇年の「大西洋ネットワークの諸相」では、バーナード・ベイリンの『アトランティック・ヒストリー』〔和田/森訳、名古屋大学出版会 二〇〇七〕を、「ヨーロッパ統合の系譜」では『ヨーロッパ統合史』〔遠藤乾編、名古屋大学出版会 二〇〇八〕を、「東アジア連帯の模索」では、『東アジア国際政治史』〔川島/服部編、名古屋大学出版会 二〇〇七〕をそれぞれ土台とした。その後、文献内で示された参考文献をもとに、関連する論文を適宜参照していった。二〇一一年度の「熱狂する安保と三池」というテーマにいたっては、教員やアシスタントも意外に感じるほど先行研究が乏しいことから、地元紙『西日本新聞』に掲載されている関連記事を、一九六〇年代前後を中心にマイクロリーダーを駆使して複写したり、福岡県労働組合評議会の刊行物を活用したりと、オリジナルな研究に近い作業をともなうことになった。学生だけの力では、困難な作業となることが予想されたので、この班には、筆者の池上がある程度方向性を導きながら共同作業を進めた。第四節でも後述するが、研究作業を経るなかで、実際に三池闘争にかかわった方から当時のお話をうかがったり、『三池新聞』といった貴重な資料を提供してもらったりすることができたことも、大きな財産となった。

三 「学生報告」から「学生出版」へ

編集体制

コミュニケーション能力を高め、歴史学の醍醐味を味わってもらうという趣旨で始まった共同研究。その成果を学会の場で披露することを目標とすることで学術的な緊張感を体験しながら専門性を磨く「学生報告」。そして最終的に行き着いたのは、その「学生報告」の成果を、全国的に発信していく「学生出版」というプロジェクトであった。幸いにも、各年度の「学生報告」の際に各班が作成した読上げ原稿データが残っていたので、それらをベースとして出版作業を進めることができた。作業内容は加筆修正のほか、図版の(再)選定、語句説明および各部・各章の概要文の作成、コラム挿入、最終的な誤字・脱字チェックなど、膨大な時間と労力を要するものであった。当然ながら、作業はアシスタント、院生、学生たちが一体となり、まさしく「総力戦体制」のもとで進められた。

第一弾目は、**表1**の二〇〇六年度から〇八年度にかけての「学生報告」を収録した『学生が語る戦争・ジェンダー・地域』〔星乃監修 二〇一〇〕であり、当時福岡大学博士課程に所属していた山田雄三(現福岡大学福岡・東アジア・地域共生研究所ポストドクター)が編集責任者としてその手腕を発揮し、「学生出版」の基盤を築いた(その編集作業については、同書「編集あとがき」を参照)。本章筆者の池上および今井は、編集委員として参画した。

第二弾目となる作品が、『地域が語る世界史』(星乃/池上監修 二〇一三)である。池上が星乃とともに監修者として、編集の指揮をとることになった。第二弾目の目次は、**表2**のとおりであり、二〇〇九年度から一一年度までの「学生報告」を、順序を入れ替えつつ再構成したものとなっている。

この編集作業を進めるなかで、アシスタントと院生が配慮したことは、星乃ゼミ生全員が主体的にかかわることができる体制づくりであった。その編集体制組織図が以下の**図2**である。編集リーダーに院生一名をおき、本を作成するにあたって必要となる各作業(コラム、扉ページの編集、プロローグ、本文編集、語句説明)に、院生と学生を責任者として配置した。当時、星乃ゼミに所属したばかりの三年生には、作業そのものが学習の場となるように、という配慮から、語句説明の作成を担当してもらった。語句の選定基準を、山川出版社の発行する『世界史用語集』には掲載されていない用語とし、様々な歴史辞典を活用するよう指示した。編集作業の進捗状況の確認、出版社との打合せ、スケジュールの調整、各作業班からあがってくる疑問点などの相談、エピローグの執筆などを池上が担当した。

図2にあるメンバーを構成員とした編集会議も五回おこない(二〇一二年六月〜九月)、第二弾目のタイトル、各部・各章の表題を、かなりの時間をかけて議論した。第二弾目の基本的なコンセプトは、「学生が頑張ってつくった」ことよりも、世界史を描くうえで「地域」という視点がどこまで有効なのかを明らかにすることに重点をおく、というものだったので、タイトルに「学生」という表現を使用せず、『地域が語る世界史』というシンプルかつ挑戦的なタイトルにした。

表 2　『地域が語る世界史』の目次

プロローグ	
第Ⅰ部 身近な地域	第１章　世界をかけめぐる銀──近世における交易都市博多 第２章　岐路に立つ東アジア──近代福岡におけるアジア主義と孫文 第３章　熱狂する安保と三池──戦後福岡における社会運動の展開 コラム１　荒尾市でのフィールドワークを体験して
第Ⅱ部 せめぎあう地域	第４章　西南ドイツ地域における共同体の伝統──宗教改革期の都市と農村 第５章　二つのスペイン──カタルーニャとカスティーリャ 第６章　在地社会からみる近世インド──マラータ同盟を中心に 第７章　アメリカ南部における「新南部」理念の展開──南北戦争後の南部人意識を中心に コラム２　サバルタン・スタディーズ
第Ⅲ部 つながる地域	第８章　大西洋ネットワークの諸相──カリブ・ラテンアメリカ地域を中心に 第９章　ヨーロッパ統合の系譜──中・東欧地域の統合構想を中心に 第10章　東アジア連帯の模索──近代日本の帝国主義政策下における沖縄・朝鮮・台湾 第11章　ソ連という理念と現実──形成期の民族をめぐる問題を中心に コラム３　安重根義士記念館を訪れて
エピローグ	

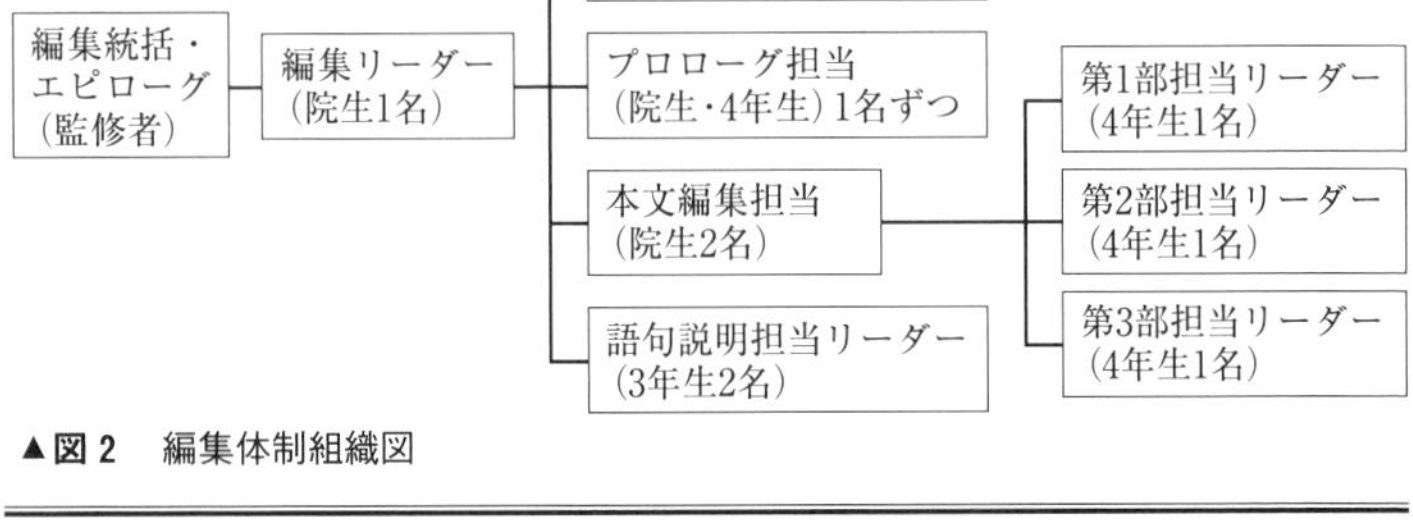

▲**図 2**　編集体制組織図

『地域が語る世界史』の概要

続いて『地域が語る世界史』の内容を簡潔に紹介していこう。「地域」というテーマを掲げる大きな目的は、一国史的枠組みの相対化である。従来から、その取組の一例として、世界システム論やグローバル・ヒストリーという観点から、国民国家を乗り越えながら歴史を理解していこうとする動きが存在する。しかし、グローバル化にともなう全体への志向が、様々な地域に住む人々のありようをかえって見えにくくさせてしまっているのではないか、という疑問が生じたことから、「地域」に生きる人々に焦点をあて、世界史のなかに位置づけてみることを同書のコンセプトに据えた。「地域」が示す意味内容は、当然ながら広い。生活圏に密接した範囲を示す場合もあれば、国家を超えた領域を示す場合もある。同書では、板垣雄三の「n地域論」を参考に、「地域」を「自由に伸び縮みする可変的な」空間としてとらえ［板垣 二〇一二］、地域という主体から世界史を描くということに挑戦することにした。

第Ⅰ部「身近な地域」は、学生たちが生活する福岡という地域を足場に、近世におけるモノ（＝銀）、近代における思想（＝アジア主義）、現代における運動（＝三池・安保闘争）をテーマとし、それぞれ大航海時代、帝国主義時代、冷戦体制時代という世界史的文脈に再定位した。第Ⅱ部「せめぎあう地域」は、西南ドイツ、カタルーニャ／カスティーリャ、インド在地社会、アメリカ南部といった、それぞれの小さな地域がもつアイデンティティの特質を抽出し、従来のナショナル・ヒストリーとは異なる歴史像の構築に迫った。第Ⅲ部「つながる地域」は、大西洋、ヨーロッパ、東アジア、ソ連という、歴史的に大きなまとまりを経験した四つの「地域」と、そのなかに位置する様々な地域社会の関係性について考察し、地域統合という多元的システムを通じて、諸大国の論理に翻弄されながらも、自らが所属する民族や地域の自治の確立やアイデンティティの維持をめざそうとした人々（シモン・ボリバル、ヤーシ・オスカール、林献堂《りんけんどう》など）の理想と苦悩について扱った。

最後に、全体の内容を敷衍《ふえん》させ、「世界史的な動向、国民国家の形成といった「大きな物語」とせめぎあいながら、生活圏を中心とした地域のなかで自らのアイデンティティや文化を維持しようとした人々のリアルな姿」が見て取れること、しかしそれは、他者との連帯を通じて、理念的な地域空間をつくりあげる原動力になるということを強調した。まさしく、大小様々な地域そのものが歴史の「主体」であり、そこに生きる人々、つまりは「私たち」も歴史の主体となりうるのであり、「地域が語る世界史」という視座は、私たちが「主体性」を取り戻していくための一つの指針となると結論づけるにいたった。

四　「学生報告・学生出版」の反響

波及効果

こうした研究活動を進めていくなかで、大学外の方々とのつながりを深めることができたことは貴重な財産となった。まずは、福岡県歴史教育者協議会事務局長の齊藤勝明先生をはじめとする現場の学校教師との出会いがきわめて重要であった。二〇一一年六月に開催された福岡県歴史教育者協議会春の大会に、はじめて星乃ゼミが参加して以来、様々な局面でサポートしていただいている。とくに、歴史教育者協議会での報告の機会を数多くいただいた（二〇一一年福岡県秋の大会での「熱狂する安保と三池」、二〇一二年千葉県大会での「宮崎滔天《とうてん》と孫文――近代九州という地域から見た世界史」、二〇一二年福岡県秋の大会での「インド独立運動から見た「アジア」」、二〇一三年福岡県春の大会での「毒ガスを生んだ科学者――科学者の社会的責任と愛国心」、二〇一三年福岡県秋の大会での「原子力の「平和利用」と脱原発への道」、二〇一四年福岡県春の大会での「イギリス救貧法の展開とドイツ「社会国家」の源泉――ヨーロッパにおける「貧困」対策」）。このような歴史教育者協議会との交流をきっかけとして、一九六〇年三池闘争の体験者である矢田正剛さんとの出会いにも恵まれた。二〇一一年七月末に北九州市で開催された歴史教育者協議会全国大会に、星乃ゼミの院生・学生有志で参加した際、「地域に学ぶ集い」というセッションで、三池闘争についての報告を担当していたのが矢田さんであった。その後の二〇一一年八月に直接大牟田《おおむた》まで赴いて『三池新聞』や映像資料『みいけ』を提供していただき、その年度の「学生報告」に活かすことができた。二〇一二年八月には、矢田さんが福岡大学に足を運んでくださり、学生とともに三池闘争の体験談を聞く機会も設けていただいた。

さらに、アジア主義の思想家の一人である宮崎滔天の故郷・熊本県荒尾市の教育委員会の方々との交流も深めることができた。二〇一一年の「東アジアの変容と孫文・福岡のアジア主義」、二〇一二年の「宮崎滔天と孫文」というテーマの研究成果をもとに、二〇一三年三月には、荒尾市宮崎兄弟資料館での座談会「学生と語る宮崎兄弟」にて、当時の院生（野田）・学生（小川）がプレゼンターとしての役目を果たすことができた。宮崎兄弟の歴史的意義や日中友好のあり方について理解を深めることを目的としたイベントで、地域から世界史を考えるという研究活動を、具体的な地域のなかで実践することができた貴重な機会であった。その荒尾市教育委員会と星乃ゼミの橋渡しをしてくれたのが「地域から考える世界史プロジェクト」代表の藤村泰夫先生（山口県高等学校教諭）である。辛亥革命一〇〇周年にあたる二〇一一年に「中高生セミナー in 荒尾」の企画に星乃・池上・当時の院生（寺崎）が参加できたのは、藤村先生の世界史教育にそそぐ情熱を共有することができたからであった。このように、「学生報告・学生出版」という取組は、大学内の机上での学習に留まらない、地域での実践活動をともなったものとして、意図せず発展していくことになった。だからこそ、福岡県歴史教育者協議会会長の高田実先生(現甲南大学教授)からは、他者との対話なくして、自分のことは理解できない以上、知の共同性を担保するこの取組はきわめて重要であるという評価をいただき、また『地域が語る世界史』に対する書評も書いていただいた[高田 二〇一二]。

「学生報告」に対する批判および反省点

しかし、「学生報告」に対する批判も当然ながら数多く受けてきた。その代表的な例として、ある大学教員からは、学生たちが頑張っているのはわかるが、それが本当に学生本人たちの問題関心から生み出されているものなのか、という学生の「主体性」に対する疑問や、夏季や春季の長期休暇期間は、海外渡航や資格取得などで学生にとって大切な機会のはずなのに、「学生報告」のための作業で大学内に拘束することはやりすぎではないか、という学生に対する負荷の重さに対する疑問が出されたこともあった。さらに、西洋史に所属する学生からの素朴な疑問として、西洋史専攻なのになぜ日本史や東洋史のことまでやらないといけないのか、という声も聞いた。それ以外にも、星乃ゼミ生が、歴史学科全体の学生共用スペースである歴史学研究室のパソコンと机を占拠し続けているという指摘など、とりわけ学科内から数多くの批判にさらされてきたことは事実である。

そうした批判を受けて、この「学生報告」という挑戦をたんなる成功事例として位置づけるのではなく、われわれのゼミ運営に問題点はなかったのか、という点について、『地域が語る世界史』刊行後に、院生たちとともに考えてきた。まず、「学生報告」の経験蓄積にともなうルーティン化によって学生たちへの

「強制性」のイメージがついたのではないか、という点である。「学生報告」が始まった当初は、自分たちで新しいものをつくりあげる、という雰囲気が高かったが、七年目、八年目となると、それが既定路線になってしまい、「新しいものをつくる」というよりも「既存のものを継続させる」ことに腐心したきらいがあったように思われる。それが「西洋史を学びたいのに、なぜ東アジア？　なぜ日本？」という学生の不満をもたらし、結果として星乃ゼミ希望者の減少をも招いたのではないだろうか。歴史家が大事にすべき「自分なりの関心や好み」の問題〔岸本 二〇一三〕を置き去りにしてしまったのではないか、という不安も拭い切れない。つぎに、アシスタントや院生による「手厚いサポート」により、「学生報告」そのものを成功させることはできたとしても、学生たちの「主体性」を効果的に喚起させることができなかったのではないか、という点も考えなければならない。二〇〇九年度から「地域」というテーマを突き詰め始め、学術的水準を向上させることを主眼としたことで、かえって学生の「主体性」を置き去りにしてしまった側面もあったのではないか、ということを反省点としてあげておきたい。

おわりに――今後の展望

様々な批判点を踏まえて、二〇一三年度からは「地域」から離れて、西洋史の観点からアプローチしやすいテーマを設定している。最後の「学生報告」となった二〇一三年度は「歴史のなかの科学」をテーマとして、三・一一を共通の問題意識としながら、イギリス、ドイツ、アメリカ、日本／ドイツを事例に科学と社会・政治・思想との関係に迫った。七隈史学会での「学生報告」が一つの休止符を迎えたとはいえ、「知の共同性を大切にする」という精神を活かしながら、学生の問題関心（卒業論文のテーマなど）を拾い上げつつ、共同作業を重んじるという姿勢は今日まで続いている。ただ、星乃ゼミ生の就職率の向上という、それ自体は非常に喜ばしい変化が、図らずして大学院進学者の減少をもたらしたことにより、もはやかつてのような研究サイクルの継続は難しくなっている。「学生報告」は学生なしに不可能であるが、学生だけでも不可能である。それは教員やアシスタント、院生、そして学生からなる共同性が担保されてこそ、はじめて可能になるのだということをあらためて実感している。

とはいえ、過去を振り返ってばかりもいられない。星乃ゼミ生による研究報告の場については、先述した福岡県歴史教育者協議会から引き続き提供してもらっているほか、二〇一二年度から発足した九州西洋史学会若手部会(九州・山口の院生・学生を中心とした個別報告会・読書会・討論会)に参加させてもらうなど、その範囲はむしろ拡大している。知の共同性を育む場は、大学の垣根さえも越えて、いまや「オール九州」で構築されつつある。また、「学生報告」を経験した、かつての学生や院生のなかには、現在高等学校の教員として活躍している者や、自治体職員として資料館・博物館展示に関する仕事に従事している者もいるので、そうしたOB・OGたちとの連携強化も重要となってこよう。高大連携・博学連携という枠組みのなかで、次世代の学生のキャリアアップに寄与できればと、決意を新たにしたところである。「学生報告」という挑戦は「いまだ成らず」である。

◆参考文献

[板垣 二〇一二] 板垣雄三「人類が見た夜明けの虹――地域からの世界史・再論」『歴史評論』七四一号、五～二一頁

[岸本 二〇一三] 岸本美緒「中国史研究におけるアクチュアリティとリアリティ」(歴史学研究会編『歴史学のアクチュア

リティ』東京大学出版会）三〜二一頁
［高田 二〇一三］ 高田実「書評 星乃治彦・池上大祐監修／福岡大学人文学部歴史学科西洋史ゼミ編『地域が語る世界史』」（『九州歴史科学』第四一号）四四〜五一頁
［ハウ 二〇〇三］ スティーヴン・ハウ（見市雅俊訳・解説）『帝国』岩波書店
［星乃監修 二〇一〇］ 星乃治彦監修／福岡大学人文学部歴史学科西洋史ゼミ編『学生が語る戦争・ジェンダー・地域』法律文化社
［星乃／池上監修 二〇一三］ 星乃治彦・池上大祐監修／福岡大学人文学部歴史学科西洋史ゼミ編『地域が語る世界史』法律文化社

わかる歴史から、考え実践する歴史へ

——同志社大学の取組と構想

小川原 宏幸・向 正樹

はじめに——国際系学部において歴史学を学ぶ意味とは

「「○○地域文化の形成」が歴史の授業とは思わなかった(知っていれば興味はなかった?)」「世界史ばかりで現代の問題を扱う授業が少ない」「学生は歴史より文化に興味があるみたいです」。二〇一三年に新設されたばかりの同志社大学グローバル地域文化学部では、こうした学生や同僚教員からの声が歴史学系教員に寄せられている。同じような声を耳にした経験をもつ、文学部史学科ではない学部・学科に所属する歴史学系教員は少なくないだろう。

歴史学不要論にも聞こえるこうした声に、「わかっていない」とつぶやいてやりすごすのは簡単である。しかし私たちがここで問いたいのは、これまで私たち歴史学系教員が、「一%」のコアな歴史好き、そして潜在的に歴史学プロパーになることをめざす層に対してではなく、その他「九九%」の非歴史学プロパーに歴史学を教えることの意味をどれだけ真剣に考え、そのためにどれだけの戦略を築いてきただろうかということである(ちなみに「一%」とか「九九%」という数値には比喩以上の意味はない)。私たち歴史研究者を含む「一％」の多くはおそらく、幼い頃から（なぜか）歴史好きだったりして、歴史学を学ぶことの意義を深く考えてこなかったのではないだろうか。しかし圧倒的多数の学生そしてほとんどすべての社会人は、なぜことさらに歴史を知り、学ぶ必要があるのか、つねに疑問を抱かずにはいられないだろう。私たちの耳に届く歴史学に向けられた苦情のほとんどは、「受験でのあの苦痛な暗記科目は正直言って、もう……」といったものである。

ところで、私たち「一％」が、「わかっていない」と嘆いている間にも、事態はますます「九九％」の意向を無視できない方へ進んでいる。それは、近年の日本社会を覆いつつある「歴史離れ」と、それにともなう歴史学の相対的な地位低下とも明らかに連動しているだろう。歴史学の方法論が多様化し、より複雑で難解に、そしてよりペダンティックになっていることに対する拒否反応が社会全体に広まっており、そのような空気を「九九％」は敏感に嗅ぎ取っている。「一％」の視点に立つ限り、歴史学の地位低下は、「九九％」側の無知蒙昧《もうまい》と無理解とに起因する。しかし実際には、「九九％」が発する問いに十分に応えることができないどころか、むしろこうした問いを避けている私たち「一％」の態度こそが歴史学の地位低下という事態を生み出す温床にすらなっているのではないか。

こうした問いが本章の出発点である。「九九％」にどのように対処するのかを考え、そうした実践を通じて、「一％」が身を寄せ合うサロンから、「考える歴史」「実践する歴史」によって歴史学を外部へ開くチャンスとしようというのが私たちの主張である。私たちは、事実の検証という歴史学的なスキルをいったん離れ、歴史学的なモノの見方が現代社会を生きていくうえでどのように役立つのか、そして人間にとって歴史学とはどのようなものであり、どのようであるべきかという哲学的な問いにいたるまで、真理に到達するための方法の一つとして「教養としての歴史学」を構想し、それを多くの人々と共有したい。

ここまでの各論考では、従来なされた数々の教育実践について述べられてきた。それに対し、ここで語られることはまだほとんど実現していない。その構想を提示する前に、まず私たちにとって、どの道が閉ざされつつあり、どの道が残されているのか、いま少し状況を整理してみよう。

一　歴史学を取り巻く状況

曲がり角にきた歴史研究

歴史研究はいま大きな曲がり角にあるが、それをもたらした要因の一つが研究課題の極度の細分化・分業化である。問題関心の多様化が進んで緻密な成果が生み出される一方で、歴史の全体像や世界の構図をダイナミックに描くことは難しくなった。また、より多くの歴史研究者が現物史料に直接アプローチするようになった半面、それによって作業の大半が史料発掘・分析に費やされることとなり、歴史研究者が歴史像をあまり語らないというパラドキシカルな状況も生まれている。さらに歴史学の方法論に分化が生じ、研究者と世間一般の間で歴史に対する認識が大きく乖離してしまったことも無視できない。「言語論的転回」以後の人文学において、従来の文献実証史学と、それに挑戦する構築主義的歴史観との断絶が深まっている。つまり、歴史は正典(カノン)化された叙述として与えられるものではなく、歴史そのものが構成される仕組がどのようなものかが問われるようになっている[吉見編 二〇〇二]。このように歴史学が一元的なものではないという事実は、歴史を教える者、学ぶ者の双方に意識転換、つまり「考える歴史」へのシフトを要求するのだが、現在、歴史研究者の多くがそうした変化に十分に対応できていないように思われる。やや過激な言い方をすれば、現在の歴史学は、その研究意義を広く社会に還元して専門家以外の人々と問題意識を共有しようとするものではなく、専門家のための歴史学、研究のための研究といった状況に陥っている。

科学としての歴史学の本分と「教養としての歴史学」のあり方

歴史研究者を養成する研究拠点もまた曲がり角に差しかかっている。少子化による学生数の減少に「歴史離れ」が追打ちをかけ、基礎訓練が崩壊しつつあるという話も聞く。多くの研究拠点がすでに歴史研究者の再生産機関として十分には機能しておらず、また社会の側も大学に歴史研究者の再生産をそれほどには期待していないとすれば、私たちは今後、歴史学をどのように構想すべきであろうか。

先に示した社会の要請に対する一つの応答として、今後、基礎・応用といった棲み分けをおこなうことにより、社会で役に立つアカデミックな素養として学ばせる方向へ転換し、研究拠点の画一性を打破することを検討してはどうだろうか。ここでいう応用とは、原典研究は他の専門機関の研究に依拠しつつ、主としてそれらを組み合わせたり比較したりして新たな解釈を生み出すような手法を指す。こうした能力をもった人材は、例えば歴史学と異なる専門分野との橋渡しをするコーディネータとして活躍することが想定される。グローバル化の進展により社会の不透明性がいよいよ増してくるなかで、今後その需要は増していくだろう。

史料解析に基づいた基礎研究の重要性は重々理解しつつも、私たちはここで、「九九％」にとって必要な歴史学とはどういったものか考えてみたい。歴史学も他の科学同様に、体系化されたディシプリンをもつ。一般に歴史学というと、原典史料の解読から歴史像を再現する作業のみをイメージするかもしれないが、ここでそのディシプリンを三つの次元からとらえ直してみるとつぎのようになる。歴史学は一般的に、⑴過去にどのような事実が起こったのか（事実の措定）、⑵そういった事実が生じたのはなぜか（因果関係や関連性の追求）という段階を踏み、考察を進める。そして実際には、⑴と⑵との間を相関的に往復しながら歴史像を深めていくことになる。そのうえでさらに、⑶そうした歴史的事実を知るべきなのはなぜか（歴史哲学的考察）といった課題にいたるのが理想である。歴史学は究極的には総合学であるべきである。

実現できているか否かはさておき、「一％」の歴史学プロパーには三つの次元すべてのディシプリンが要求される。しかし歴史学を教養として学ぶ「九九％」にとっては、⑵のディシプリンを養うことが最も肝要であると考える。なぜなら「九九％」にとっては、現在起こっている問題の因果律を構造的に理解・解明するための参照系として歴史学を用いることができれば、当面こと足りるからである。「原典史料の分析に立脚しなくてはならない」「社会に役に立つことは、そうした営みの細部に宿る」「歴史を学ぶ意味は自ら見出すものだ」、そう言い放つ向きもあろう。しかし歴史研究の核心が個別的事実の因果関係の連鎖を明らかにすることにあるとすれば、その実践能力をもち合わせた人材が増えることは、私たちの歴史像をより豊かにすることにつながっていく。私たちが学生に提供したいと考えるのは、従来の歴史学におけるディシプリンそのものよりも、「教養としての歴史学」を通じて異文化に対する洞察力をもった知的姿勢を身につける機会である。

二　考える歴史、実践する歴史へ

国際系学部にできること

以上のような、歴史学が現在抱える課題を正面に据えたとき、応用に特化した役割を担う拠点として、私たちが現在所属する国際系学部はその一つとなりうるであろう。基礎研究をおこなうためのインフラ不足は否めないが、外国語系や国際系の学部は人文学系の多様な分野と歴史学分野のスタッフを擁し、学際的である場合が多い。また、そこでとられるスタンスとしては地域研究が多いが、アクチュアルなテーマに強く関心を寄せてきた地域研究の特徴が、歴史学の応用的展開を図るうえでプラスに働くと思われるからである。

例えば筆者らが所属する学部は、そのスタンスを「地域の文化・歴史・社会に関する学際的な知識を基礎に、グローバルな観点から現代世界が抱える諸問題を研究する」ものと位置づけている。つまり歴史はあくまでも現代世界の諸問題を研究する基礎的教養として学ばれることが想定されている。今日の問題の背景を深く知るために「消費」される高度の専門性の一つという位置付けとなるかもしれない。しかしそこからさらに一歩進んで、現代のニーズに合った分野に対応し、基礎研究で明らかにされた事実を題材としながら、ある事実と他の事実との連関性を見抜く洞察力をもった人材を「生産」する拠点として再編成していくことをその重要課題に位置づけることができる。今日的な課題への関心が強い「九九％」が主体の国際系学部では、現代世界と直接かかわらない原典研究を全面展開することは難しい。しかし、前述の観点に立った教育実践によって、現代社会を生きる自分なりのものの見方を養うという歴史学の本来的課題の展開には十分寄与できるはずだ。

「九九%」が歴史を学ぶ意味とは？

かつて桃木至朗は本学部が主催した学術講演[1]で、「大学の教養歴史教育の入り口として、何のために歴史を学ぶのかをきちんと提示する必要がある」として、つぎのように述べている。歴史は動かない過去の事実を暗記する「役に立たない」科目ではない。無数の過去のできごとのなかから意味のあるものを取り出すための「つなぐ力」「くらべる力」をつけることができるものである。そして続けて、つぎのような「つなぐ力」「くらべる力」を具体的に提示している。

⑴　現代社会がなぜ、どういうプロセスでこうなっているのかを理解する
⑵　過去の人々の考えや行動を、われわれの行動や選択の参考にする
⑶　良質な娯楽の材料（事実は小説よりも奇なり）
⑷　時間の流れや時代を見る目（現在だけに一喜一憂するのでない長い目）
⑸　特定の角度だけでなく、政治・経済・文化などいろいろな記録の真実性を見分ける情報リテラシー
⑹　違った時代（や外国）の人間の思考や行動の様式を解き明かす異文化理解能力

社会のマクロなダイナミズムをとらえたり⑴⑷、近代的価値観を相対化したり⑸⑹といった歴史は、すでに、「考える歴史」「実践する歴史」の領域に踏み込むものである。なぜなら、そのような歴史認識が様々な形で人々の行動を規定するからである。

三 「考える歴史」の構想

国際系学部の学生に必要な歴史学のディシプリンとは？

それでは、どのように「考える歴史」を実現すればよいのだろうか。

ここで「歴史学とは何か」という問いに、もう一度立ち返ってみる。それは、歴史的事実そのものを研究対象とするだけではなく、歴史的事実への洞察を通じて現在や世界をみるということになろう。したがって新たな道は、世間一般に認識はされていないだけで、すでに歴史研究者たちが認識していること、つまり歴史学そのもののなかに見出しうる。必要なのは、それを教育として具現化し、システム化することである。「考える歴史」をひとことで表現すれば、良質な「問い」を立て、自分の見方を疑うということにつきる。これは学としての歴史学の核心でもあり、歴史学の学知そのものを生み出す原動力である。歴史研究者は「問い」を設定し、その証拠を集めて立論する。あらためて、先に示した私たちが考える歴史学の三つのディシプリンを確認しよう。私たちが歴史学に必要だと考えるのは、(1)事実の措定、(2)関連性の追求、(3)歴史哲学的考察の三つのディシプリンである。

まず前提として押さえるべきは、歴史学が取り扱う内容は基本的に、過去に起こった事実であるという点である。そして過去のある時点でどのような事実が起こったのかを正確に認識すること(事実認識)が歴史学的考察の基礎につねに据えられなければならない[2]。このことを強調したうえで、「教養としての歴史学」では、(1)は一義的には歴史学プロパーがおこなうべき仕事と位置づけ、「九九％」に属す学生は今まで積み上げられた事実を所与のものとして考察を始めることとする。なお、いわゆる暗記科目としての歴史学というのは、⑴により措定された事実を断片的に知識化したものだが、それは必要に応じてアクセスできればよいのであり、基本的には、それを暗記しておく必要はない。

そのうえで「九九％」が身につけるべきは、そのような事実はなぜ生じたのか、一見、無関係にみえるAとBという二つの事実が実際には連関性をもっていることを見抜くことができる⑵の次元の能力である。こうした洞察力を養うことは、例えば本学部が掲げる「グローバルな観点から現代世界が抱える諸問題を研究する」のに必要な基礎学力を身につけることにつながる。なぜなら⑵の次元では、歴史的事実を取り巻く社会経済的状況からその事実を構造的に理解する能力が要求されるからである。

大学という教育機関において歴史学の授業をおこなうときに最も気をつけなければならないのは、高校までのいわゆる知識偏重の歴史の勉強のあり方からシフトし、歴史学の面白さそのものを伝えられるかどうかである。大学に入ってきた学生のほとんどは、歴史学を暗記とほとんど同一視している。そうした暗記科目としての歴史学にうんざりしていることに気づかないまま、相も変わらず知識の伝達を主とするのでは、「歴史離れ」を引き起こすべく歴史学の授業をしているようなものである。暗記科目としての歴史に辟易している学生に歴史学の面白さを伝えようとするならば、大切なのは、今まで学んできた知識がそれぞれどのように他の事実と結びつくのかという⑵の次元を強調しながら授業で実演し、歴史学を通して対象を見ることの面白さを学生に気づかせることである。

では、実際の授業でどのように⑵の教育を実践していけばよいのだろうか。例えば、ある原因（事件）に関する情報を与えておいて、それがどのように展開し、どのような結果が導かれるのかを学生に想像させてみる。すると想像した結果が実際の結果と類似する場合もあるし、ひどく違っていることもある。その

「違い」にこそ「考える歴史学」を実践するためのヒントが潜んでいる。なぜ、私たちの想像通りに歴史的事実が展開しないのかを意識化させるきっかけになるからである。そこを突き詰めていくと、自分が内面化している論理とは別の論理がその歴史的事実に働いていることが理解できるであろう。その行為はつまり異文化コミュニケーションそのものである。歴史学は、時間的な他者と向き合う異文化コミュニケーションであり、外国史の場合はさらに、時間と空間の双方を隔てた他者との異文化コミュニケーションである。授業上、時間的制約がある場合は、教員がそういった「違い」を学生に意識させながら事実を提示してもよいだろう。とにかく彼我の相違を、事実をもって提示することが授業の出発点となる。

「考える歴史」の一事例

ここで具体例として、武装反日闘争をおこなった朝鮮の義兵の国家観および社会観を取り上げてみよう。一九〇〇年代、日本の植民地化に反対して義兵と呼ばれる武装闘争が展開されたが、日本軍との交戦のおり、連合義兵の総大将となった李麟栄《イイニョン》は父の訃報に接すると服喪を理由に戦線を離れた。国家存亡の危機よりも肉親の追悼を優先するという行動をとったわけだが、人々もそれを必ずしも非難しなかった〔趙 二〇一二〕。こうした事実を伝えたとき、学生はどのような反応を示すだろうか。いまなおスポーツ新聞などで、肉親の死を乗り越えて「チームのために」「ファンのために」とか、あるいは「会社のために」行動したことなどが美談として語られることが多い日本では、こうした義兵の行動および朝鮮社会の反応は学生にとって理解しがたいものと映るかもしれない。李麟栄は国家よりもなぜ服喪を優先したのか。そしてそうした行動を朝鮮社会はなぜ批判しなかったのか。この問いを立てることが出発点となる。そしてそうした行動を、⑴内在的かつ、⑵価値中立的に理解することが必要となる。

⑴内在的というのは、外部規範によってではなく、あくまでもその観察対象が有する内的規範に即して把握するという意味である。儒教的規範が強かった当時の朝鮮では日本とは異なり、国家存亡(忠)よりも肉親への追悼(孝)が優先されたのであり、それこそがあるべき文明主義であった。そうした論理を内在的に理解しようとすれば、そこに公私の関係をめぐる日本と朝鮮との違いなど、様々な異文化理解の題材が転がっている。それは逆に、日本社会ではなぜ、家族よりも国家を優先すべきと考えがちなのかという自らの価値観を振り返るきっかけにもなるし、さらには、公と私との関係が複雑に絡み合いながら現在展開している貧困問題や介護問題を分析する際の論点にもなるかもしれない。

学生にこのような論理的展開を促す役目を果たすのが、教員による適切な問いである。適切な問いを立てられるかどうかは教員の知識の多寡ではなく、観察対象に対する構造的理解の有無、そしてその技術の有無による。そして題材や問いも、全体性を内包した個別的事実を学生に提示する必要がある。つまり個々の事実を断片的に把握するのではなく、その全体像を意識しながら個々の事実を位置づけていかねばならない。全体性を等閑視したまま、個別的事実のみをもって観察対象を評価しては「木を見て森を見ず」に終わる危険性が高いからである。科学は、論者の意見を選択基準としながら集めた事実を取捨選択する作業であるが、個別的事実がすべて等価であるわけではない。これを看過すると容易に歴史修正主義に足元をすくわれることとなる。実際には歴史の実際は複雑であるから、ある歴史像に適合的な事実とともにそれに反する歴史的事実も同時に存在する場合がほとんどである。事実に基づいて構築されているからといって、すべて真たりうるわけではない。それは、鳥が飛ぶものだからといって、ダチョウは鳥ではないということができないのと同じである。

そして、(2)価値中立的というのは、価値判断を当面差し挟まずにその事実を認識するという姿勢である。これは事実認識と歴史認識との相違にかかわっている。事実認識は、何が起きたのか、何がどうなっているかという事実を認定していく作業であり、本来その作業は価値中立的である。一方、歴史認識はその提示した事実をどう評価するのかという価値判断の基準となるものであり、存在被拘束性を帯びた「意見」にほかならない。ところがこの点を意識せずに、両者を切り分けて事実を理解するのはなかなか困難である。例えばオリエンタリズムに基づいて、彼我の違いが違いとして処理されず、「遅れ」として理解されてきたのは周知のとおりである。

先にあげた、国家よりも道義を優先する義兵の行動は、国民国家あるいはその背景となる民族主義の確立が至上命題とされた時代には、その国家観念の希薄さゆえ批判あるいは嘲笑の的となりえた。しかし、国民国家や民族主義の相対化が叫ばれるようになると、その評価は一転する。それは、歴史認識が変化し、抽出された事実から何を読み取るのかが変わったからである。歴史認識が存在被拘束性を帯びるものである以上、価値観の変化にともなってそれは変化せざるをえない。私(小川原)は授業に際し、提示した事実に対して今までどのように評価が変遷してきたのか、すなわち、そこで扱われる事実自体が以前と変わったわけでは必ずしもないにもかかわらず、歴史認識が揺らぐなかでどのように歴史像が変化してきたのかを説明したうえで、私はどのような歴史像を提示するのかを明示するよう心がけている。自らの歴史認識を含めて少なくとも三つの歴史認識を学生に示したうえで、私自身が責任主体となって何を選び取るのかという過程を実践してみせるのである。

四　「実践する歴史」の構想

実践する歴史とは

「実践する歴史」は、つぎのような能動的な主体を生み出すことを目標とする。⑴歴史学と隣接分野が明らかにするマクロな歴史の動態を学び、その知見に基づいて現状を認識し、予見をもって行動できる人材を形成すること、⑵歴史の経験に学び、現代社会が陥っているジレンマや視野狭窄《きょうさく》に対する打開策を見出すこと、⑶過去および現代におけるグローバル的かつ地域的な空間のなかで個々の社会を位置づけ、その社会の特質や背景を分析できるグローバル人材を育成すること、の三つである。

一九八九〜九〇年の「冷戦終結」や二〇一〇〜一二年の「アラブの春」は、既存の秩序を打倒し、新時代の到来を予感させたが、結局は新たな発展の方向性を描き出せないまま、情勢は混沌としている。この「アジェンダの空白」状況に陥っている今こそ、全体的視座をもった学知に基づきながら現状を認識する目と、新しい世紀のアジェンダを構想する力とが必要とされている。

実践する主体をどう立ち上げるか

「実践する歴史」に欠くことができないのは、歴史上の地理的空間と現代の地理的空間とをいったん切り離しつつも結びつけ直すことができる能力である。学生がある地域へ旅行や留学、海外インターンシップ、国際ボランティアなどに行った際、コミュニケーションギャップを感じることが多いだろう。その際学生には、それらの社会がなぜそのようなありようを示すのかを考えさせることが大切である。また、グローバル化が進むなかで海外展開し、現地の従業員を雇用する日本企業が珍しくなくなった今日、相手がなぜそのように考え、行動するのかを理解して受け入れる能力をもったグローバル人材がますます求められている。そこで抱いた疑問を解消するにあたって皮相的なレッテル貼りに終始しないためには、その社会のバックグラウンドを探る必要がある。この場合、私たちが目にしている社会は氷山の一角にたとえられる。その社会を支える底辺にあたる歴史や文化というのは水面下にあって見ることができないことが多い。それを見るためにはある種のディシプリンが必要となる。[3] ディシプリンがないというのは受け取る情報に無批判であることを意味する。ところが既存学問の寄集めのような編成がとられることが多い国際系学部は、そうした中核となるディシプリンを欠如させている場合が多い。私たちは、「教養としての歴史学」を通じて国際系学部にディシプリンを形成し、異文化に対する洞察力をもち合わせた学生を養成したいと考える。

その具体的内容は第三節で述べたとおりであるが、「実践する歴史」を通じて能動的主体を養成するためにはまず、日本社会全体に蔓延《まんえん》している現在主義とでも呼ぶべき時間認識をどのように批判するかが問われる。近年、昨日、今日、明日と「永遠の現在」を生き、現状を相対化したり批判したりする視点をもたず、盲目的に現状を肯定する傾向が強まっているように感じられる。そこには、人々が今ある世界をつくってきたという認識も、未来の世界をつくっていくという意志もない。さらに、観察対象に対する無限の相対主義ともいうべき姿勢が一般化するなかで、自らの行動に責任をもつことが難しくなっている。価値観が多様化し比較や関連付けのための基準が揺らいでいる一方で、専門化が進むなかで対象を無限に差異化することにより、対象への認識が終わりなき相対化に陥っている。これは、責任をとらない観察者を数多く生み出すことにつながるものにほかならない。それは、他者との相互理解のうえに自分の立場を選び取るという自己変革を放棄した姿である。歴史を認識するというのは、じつは未来の行動に責任をもつということである。私たち歴史教員は、現在すなわち今の状況は所与のものではなく、歴史のなかでの無数の選択により「今」を選び取ってきたのだということを提示する必要がある。人々がますますアトム化するなかで、このまま現在主義が蔓延し、無限の相対化が進行すれば、私たちは、閉塞した社会を変革しようとする際、自らを変革の主体と位置づけることなく、ひたすら英雄の登場を待ち望むことになるだろう。英雄史観は、自己変革を放棄する姿勢と表裏一体なのである。

「実践する歴史」の一事例

マクロな歴史と隣接分野の視座をあわせもつ「実践する歴史」は、現代のグローバル社会が抱えるジレンマの背後にあるものを読み解き、欧米や日本のスタンダードを相対化し、相手と同じ目線に立って活動できる人材を育てることに貢献しうる。

政府の開発援助や企業による海外インフラ整備事業は、国際的に重要な役割を果たしている。しかし、政治的な意図や企業の利益追求といった面を完全に否定することはできないし、また、自国のスタンダードを無自覚に相手に押しつける場合もある。そしてさらに、先進国企業が安価な労働力と市場を求めて海外進出するさまも、かつての植民地経営と本質的には変わらない。では、私たちはこうした現状にどのように向き合えばよいのだろうか。

現代の新植民地主義を分析したヨハン・ガルトゥングは、この不平等構造は、⑴垂直的相互作用関係と、⑵封建的相互作用関係という二つのメカニズムによって成立していることを指摘する。そして、再分配という方法はこの構造を延命させるだけで効果がなく、それを解体するためには、⑴水平化と、⑵脱封建化という国際的・国内的な構造的変革が必要と述べている［ガルトゥング 一九九一］。ここで、グローバルな垂直的分業体制の史的展開について知ることは、貧困地域や低開発地域がそのような状態におかれている構造的な理由を考えるのに有効であろう。そこから私たちは、どういった方途がこの不平等構造からの脱却につながるのかを考えることができる。

加えて、近代以降の世界構造を絶対視したり、欧米中心史観に陥ったりしないことがきわめて重要である。そのために、ヨーロッパが軍事的・経済的優位を確立する以前のユーラシア交流史、ヨーロッパが優位を占めるにいたった外部要因にも目を向けた近年のグローバル・ヒストリー、そして、それぞれ独自のプロト国民国家形成や近代への歩みを提示してきた近世アジア史研究などの成果を学ぶことが大きな意義をもつ［桃木編 二〇〇八］。ヨーロッパから輸入された近代という視点は、先進国から途上国への上から目線の経済支援という発想と結びつきやすいが、それぞれの近世からのそれぞれの近代という視点をもつならば、その地域独自の発展可能性を阻害しない協力の形や、国家や企業だけではないNGOや市民レベルの同じ目線に立った支援に目が向けられるようになろう。近代主義のドグマに陥らず、長期的視座に立って歴史を知ることで、私たちは国際的な問題に取り組む方向性を、現代的価値観にとらわれることなく柔軟に見出すことができるのである。

おわりに

歴史は暗記科目ではないというフレーズは、グローバル化時代の市民の生きた教養として、歴史を再生させようという桃木ら大阪大学歴史教育研究会の活動とともに、徐々に浸透しつつある。これは、いわば事象の連続としての歴史を「知る」というレベルから、その背景や動きまでを「わかる」レベルにまで高める試みである。本章では、これを出発点としつつ、さらに一歩進んで、「わかる歴史」から、「考える歴史」「実践する歴史」を構想してみた。それは「九九%」と向き合うために必要であると考えるが、絶対に「この道しかない」といった独善的なものではないし、また従来型の専門教育を継承する努力を否定するつもりもない。あくまでも、三年目に差しかかった国際系学部に籍をおく歴史学教員の反省を踏まえた試行錯誤の途中にある構想を提示したものにほかならない。

しかし、「九九%」を前提にした歴史学の構想という本章の主題は、歴史教育に携わる者がいま、共通に抱く問題意識であろう。「九九%」を相手に、自分の土俵に誘い込む形で相撲をとり続けることは難しくなりつつある。歴史研究者が自分の土俵の外へ出て、「九九%」と正面から向き合うための策略を考案しなくてはならない。本章が、そのような取組に臨もうとする歴史研究者にとって、いささかなりとも参考に資すれば幸いである。

◆註

1　桃木至朗「世界史教育と地域史教育」(同志社大学グローバル地域文化学会第一回大会記念講演、二〇一三年一二月一一日、於同志社大学志高館)

2　歴史像を描くには、事実認識を前提としたうえで歴史認識をおこなう必要がある。歴史認識は主観=意見なのだから、各自好き勝手に歴史像を描いてよいということにはならない。事実認識をなおざりにして歴史認識のみで歴史像を構築するのは、歴史学と歴史小説とを意識的あるいは無意識的に区別しない反知性的態度である。

3　桃木は異文化理解の三つの段階をつぎのように整理している［桃木 二〇〇九、一九六頁］。C級：自国や先進国の常識だけでしか考えず、相手の内面を理解しようとはしない。B級：相手の立場に立とうとするあまり相手の忠実な代弁者になる。A級：相手を尊重しつつ複眼的に考え交流・交渉できる。アカデミックで批判的な眼を養わなければ、B級からA級に達することができない。

◆参考文献

［ガルトゥング 一九九一］　ヨハン・ガルトゥング（高柳先男・塩屋保・酒井由美子訳）『構造的暴力と平和』中央大学出版部

［趙 二〇一二］　趙景達『近代朝鮮と日本』岩波新書

［桃木編 二〇〇八］　桃木至朗編『海域アジア史研究入門』岩波書店

［桃木 二〇〇九］　桃木至朗『わかる歴史・面白い歴史・役に立つ歴史――歴史学と歴史教育の再生をめざして』大阪大学出版会

［吉見編 二〇〇一］　吉見俊哉編『知の教科書　カルチュラル・スタディーズ』講談社

高大連携による大学歴史系専門教育・教員養成教育の刷新

主　催　大阪大学歴史教育研究会・公益財団法人史学会
日　時　二〇一四年九月一四日（日）午後一時〜五時
場　所　大阪大学中之島センター

趣旨説明　大阪大学　桃木至朗

〈報　告〉

阪大史学系の新しい教育　大阪大学　桃木至朗・堤　一昭・秋田　茂・飯塚一幸

歴史学界の「マルサスの罠」からの脱出をめざして——大阪大学歴史教育研究会の活動と若手のネットワーク——　弘前大学　中村武司・同志社大学　向　正樹
大阪観光大学　後藤敦史・大阪大学　中村　翼

京都高社研の高大連携活動から　同志社高校　庄司春子・京都府立田辺高校　毛戸祐司
京都市立日吉ヶ丘高校　後藤誠司

ジェンダー史教育の取り組み——歴史教育のジェンダー主流化へむけて——　日本大学　小浜正子

〈コメント〉

地方国立大学の視点から——静岡歴史教育研究会の挑戦——　静岡大学　岩井　淳

大学付属高等学校における汎用的な歴史教育の実践　専修大学附属高校　皆川雅樹

〈総合討論〉

「アクティブラーニング型授業と歴史的思考力の育成――高大連携・接続での汎用的な歴史教育の可能性を考える」(『紀要(専修大学附属高等学校)』第34号, 2015)

池上大祐　いけがみ だいすけ
1978年生まれ。九州大学比較社会文化学府院博士後期課程単位取得退学。博士(比較社会文化)。専攻, アメリカ現代史
現職, 琉球大学法文学部准教授
主要著書:『アメリカの太平洋戦略と国際信託統治――米国務省の戦後構想1942～1947』(法律文化社, 2014),『地域が語る世界史』(共監修, 法律文化社, 2013)

今井宏昌　いまい ひろまさ
1987年生まれ。東京大学大学院総合文化研究科地域文化研究専攻博士課程単位取得退学。専攻, ドイツ現代史
現職, 日本学術振興会特別研究員(PD)
主要論文・訳書:「ドイツ革命期における義勇軍と「東方」」(『九州歴史科学』第38号, 2010), ジェフリー・ハーフ『ナチのプロパガンダとアラブ世界』(共訳, 岩波書店, 2013)

小川原宏幸　おがわら ひろゆき
1971年生まれ, 明治大学大学院博士後期課程満期退学。博士(史学)。専攻, 近代日朝関係史
現職, 同志社大学グローバル地域文化学部准教授
主要著書:『伊藤博文の韓国併合構想と朝鮮社会――王権論の相克』(岩波書店, 2010)

水島　司　みずしま つかさ
1952年生まれ。東京大学大学院人文科学研究科修士課程修了。博士(文学)。専攻，南アジア近現代史
現職，東京大学大学院人文社会系研究科教授
主要著書：『前近代南インドの社会構造と社会空間』(東京大学出版会，2008)，『グローバル・ヒストリー入門』(世界史リブレット127，山川出版社，2010)，『インド・から』(山川出版社，2010)

庄司春子　しょうじ はるこ
京都大学農学部修士課程修了。専攻，農林経済学農史，社会科教育
現職，同志社中学校・高等学校教諭
主要著書：「郡是の工女たち――讃美歌の流れる工場」(京都歴史教育者協議会編『女たちの京都――史跡をたずねて』かもがわ出版，2003)，「第４章　台湾」(中村哲編著『東アジアの歴史教科書はどう書かれているか――日・中・韓・台の歴史教科書の比較から』日本評論社，2004)，「癒しの里・岩倉」(京都高等学校社会科研究会編『続　京都に強くなる75章』クリエイツかもがわ，2005)

毛戸祐司　けど ゆうじ
1961年生，京都大学文学部卒。専攻，東洋史学，世界史教育
現職，京都府立田辺高等学校教諭
主要著書：「補章１　日本の世界史教科書」(中村哲編著『東アジアの歴史教科書はどう書かれているか――日・中・韓・台の歴史教科書の比較から』日本評論社，2004)

後藤誠司　ごとう せいじ
1957年生。同志社大学大学院文学研究科博士課程前期修了。専攻，フランス近現代史，歴史教育
現職，京都市立日吉ヶ丘高等学校教諭
主要著書：京都高等学校社会科研究会編『新　アジアに強くなる75章』(共著，かもがわ出版，2003)，同研究会編『続　京都に強くなる75章』(共著，クリエイツかもがわ，2005)

岩井　淳　いわい じゅん
1956年生まれ。東京都立大学大学院博士課程単位取得退学。専攻，イギリス近世・近代史
現職，静岡大学人文社会科学部教授
主要著書：『千年王国を夢みた革命――17世紀英米のピューリタン』(講談社，1995)，『ピューリタン革命と複合国家』(世界史リブレット115，山川出版社，2010)，『複合国家イギリスの宗教と社会――ブリテン国家の創出』(編著，ミネルヴァ書房，2012)

皆川雅樹　みながわ まさき
1978年生まれ。専修大学大学院博士後期課程修了。博士(歴史学)。専攻，日本古代史，日本史教育
現職，専修大学附属高等学校教諭
主要著書・論文：『日本古代王権と唐物交易』(吉川弘文館，2014)，「高校日本史におけるアクティブラーニング型授業の実践」(『紀要(専修大学附属高等学校)』第33号，2013)，

現職，大阪観光大学国際交流学部講師
主要著書：『開国期徳川幕府の政治と外交』(有志舎，2015)，『アニメで読む世界史２』(共編，山川出版社，2015)，「18〜19世紀の北太平洋と日本の開国」(秋田茂・桃木至朗編『グローバルヒストリーと帝国』大阪大学出版会，2013)

向　正樹　むかい まさき

1974年生まれ。大阪大学大学院博士後期課程修了。博士(文学)。専攻，モンゴル帝国史
現職，同志社大学グローバル地域文化学部准教授
主要著書・論文：「モンゴル・シーパワーの構造と変遷——前線組織からみた元朝期の対外関係」(秋田茂・桃木至朗編『グローバルヒストリーと帝国』大阪大学出版会，2013)，「蒲寿庚軍事集団とモンゴル海上勢力の台頭」(『東洋学報』89巻３号，2007)，「モンゴル帝国の海上進出を読み直す」(『ふびと』64号，2013)

中村武司　なかむら たけし

1975年生まれ。大阪大学大学院博士後期課程修了。博士(文学)。専攻，イギリス史・イギリス帝国史
現職，弘前大学人文学部准教授
主要著書・論文：'Belisarius the counterfeit? Lord Cochrane, war and British radicalism, 1807-1818', in Kazuhiko Kondo and Miles Taylor (eds), *British history 1600-2000: expansion in perspective* (London, 2010); 'The commemoration of Nelson and Trafalgar in St Paul's Cathedral', *The East Asian Journal of British History 2* (2012)，「18世紀のイギリス帝国と「旧き腐敗」——植民地利害の再検討」(秋田茂・桃木至朗編『グローバルヒストリーと帝国』大阪大学出版会，2013)

小浜正子　こはま まさこ

1958年生。お茶の水女子大学大学院博士課程単位修得退学。博士(人文科学)。専攻，東洋史
現職，日本大学文理学部教授
主要著書：『歴史を読み替える——ジェンダーから見た世界史』(共編著，大月書店，2014)，『アジアの出産と家族計画——「産む・産まない・産めない」身体をめぐる政治』(共編著，勉誠出版，2014)，「中国史教育とジェンダー——教科書からサブカルチャーまで」(長野ひろ子・姫岡とし子編『歴史教育とジェンダー』青弓社，2011)

青山　亨　あおやま とおる

1957年生まれ。シドニー大学文学部博士課程修了。PhD。専攻，東南アジア古代史・東南アジア宗教史
現職，東京外国語大学大学院総合国際学研究院教授
主要著書：「古代ジャワ社会における自己と他者——文学テクストの世界観」(辛島昇・高山博編『地域の世界史第２巻・地域のイメージ』山川出版社，1997)，「東ジャワの統一王権——アイルランガ政権からクディリ王国へ」「シンガサリ＝マジャパヒト王国」(石澤良昭編『岩波講座東南アジア史第２巻　東南アジア古代国家の成立と展開』岩波書店，2001)，「インド化——東南アジアの古代史」他(今井昭夫編集代表『東南アジアを知るための50章』明石書店，2014)

執筆者紹介(執筆順)

桃木至朗　ももき しろう
1955年生まれ。京都大学大学院博士課程中退。博士(文学)。専攻，東洋史学
現職，大阪大学文学研究科教授
主要著書：『海域アジア史研究入門』(共編著，岩波書店，2008)，『わかる歴史・面白い歴史・役に立つ歴史――歴史学と歴史教育の再生をめざして』(大阪大学出版会，2009)，『中世大越国家の成立と変容』(大阪大学出版会，2011)

堤　一昭　つつみ かずあき
1960年生まれ。京都大学大学院博士後期課程学修退学。文学修士。専攻，東洋史学
現職，大阪大学文学研究科教授
主要著書・論文：「モンゴル帝国と中国」(秋田茂・桃木至朗編『グローバルヒストリーと帝国』大阪大学出版会，2013)，「『中国歴代帝后像』と南薫殿の図像」(武田佐知子編『交錯する知――衣装・信仰・女性――』思文閣出版，2014)，「大元ウルス治下江南初期政治史」(『東洋史研究』58-4，2000)

秋田　茂　あきた しげる
1958年生まれ。広島大学大学院文学研究科博士後期課程中退。博士(文学)。専攻，グローバルヒストリー・イギリス帝国史
現職，大阪大学文学研究科教授
主要著書：『イギリス帝国とアジア国際秩序――ヘゲモニー国家から帝国的な構造的権力へ』(名古屋大学出版会，2003)，『イギリス帝国の歴史――アジアから考える』(中央公論新社，2012)，『グローバルヒストリーと帝国』(共編著，大阪大学出版会，2013)

飯塚一幸　いいづか かずゆき
1958年生まれ。京都大学大学院博士後期課程単位取得退学。修士(文学)。専攻，日本近代史
現職，大阪大学文学研究科教授
主要著書・論文：『講座明治維新5　立憲制と帝国への道』(共編著，有志舎，2012)，「国会期成同盟第二回大会と憲法問題」(『大阪大学大学院文学研究科紀要』第51巻，2011)，「佐賀の乱後の憂国派」(『待兼山論叢』第47号，2013)

中村　翼　なかむら つばさ
1984年生まれ。大阪大学大学院博士後期課程単位取得退学。博士(文学)。専攻，日本中世史
現職，大阪大学大学院文学研究科共生文明論講座助教
主要論文：「鎌倉中期における日宋貿易の展開と幕府」(『史学雑誌』119-10，2010)，「日元貿易期の海商と鎌倉・室町幕府――寺社造営料唐船の歴史的位置」(『ヒストリア』241，2013)，「鎌倉禅の形成過程とその背景」(『史林』97-4，2014)

後藤敦史　ごとう あつし
1982年生まれ。大阪大学大学院博士後期課程単位取得退学。博士(文学)。専攻，日本史

史学会《しがくかい》125周年《しゅうねん》リレーシンポジウム2014　1
教育《きょういく》が開《ひら》く新《あたら》しい歴史学《れきしがく》

2015年11月 5 日　1 版 1 刷　印刷
2015年11月10日　1 版 1 刷　発行

編　者　大阪大学歴史教育研究会《おおさかだいがくれきしきょういくけんきゅうかい》・公益財団法人史学会《こうえきざいだんほうじんしがくかい》
発行者　野澤伸平
発行所　株式会社 山川出版社
〒101-0047　東京都千代田区内神田1-13-13
電話　03(3293)8131(営業)　8134(編集)
http://www.yamakawa.co.jp/
振替　00120-9-43993
印刷所　明和印刷株式会社
製本所　株式会社 ブロケード
装　幀　菊地信義

Printed in Japan　ISBN978-4-634-60021-8

史学会125周年リレーシンポジウム3

災害・環境から戦争を読む

公益財団法人史学会 編

史学会125周年リレーシンポジウム4

過去を伝える、今を遺す
――歴史資料、文化遺産、情報資源は誰のものか

九州史学会・公益財団法人史学会 編